MEIN BESONDERER DANK gilt den Förstern Alexander Huesmann aus Steinfurt und Hans von der Goltz von der Arbeitsgemeinschaft Naturgemäße Waldwirtschaft Deutschland e. V. für die fachliche Begleitung bei diesem Buch. Außerdem möchte ich meinen Kindern Johannes, Jasper und Franziska Höner danken, die in diesem Buch an verschiedenen Stellen eine Rolle übernommen haben.

Marike und Julius: ENTDECKE MIT UNS DEN WALD

GUIDO HÖNER • NOEMI BENGSCH

INHALTSVERZEICHNIS:

DAS ALTE FORSTHAUS.................. 4

ALEX IST FÖRSTER...................9

SO TOLL IST DER WALD..................... 15

WAS MAN AUS HOLZ ALLES MACHEN KANN... 20

WOHNEN WIE WALDMENSCHEN............... 24

KENNT IHR DIE BÄUME?..................... 28

VON BAUMBABYS UND IHREN ELTERN........ 37

DIE TIERE LIEBEN DEN WALD................ 42

WER WOHNT DENN DA?..................... 50

AUCH BÄUME KÖNNEN KRANK WERDEN...... 55

VIELE BÄUME HALTEN DEN WALD GESUND... 58

WARUM JÄGER DEN WALD SCHÜTZEN........ 62

HEUTE GIBTS SPAGHETTI VOM HOLZHERD.... 66

BÄUME BRAUCHEN PLATZ!................... 70

FRANZI FÄLLT BÄUME MIT DER MASCHINE... 74

MIT SÄGE UND KEIL............................ 79

HOLZERNTE MIT PFERDESTÄRKE............. 85

WIE MACHT MAN AUS BÄUMEN BRETTER?... 90

KRISTIN BAUT EINEN SCHRANK............... 95

VORSICHT, FEUER!.............................. 101

GERÄUSCHE IN DER NACHT................... 107

UND HIER KOMMT DAS QUIZ!................ 110

SO SEHEN DIE PERSONEN
IN WIRKLICHKEIT AUS......................... 116

DAS ALTE FORSTHAUS: JULIUS UND MARIKE MACHEN FERIEN IM FORSTHAUS

Ihr kennt doch Marike und Julius! Wann immer sie Zeit haben, sind sie auf dem Bauernhof von Barbara und Hubertus. Auf dem Maierhof erleben sie immer wieder spannende Abenteuer.

Aber in diesen Sommerferien wartet ein ganz besonderes Programm auf sie: Sie ziehen ins Forsthaus! Zu Alexander, den alle „Alex"

nennen, und seiner Familie. Alex ist ein echter Förster. Mit seiner Frau Silke und den beiden Kindern Johanna und Julius – ja richtig, noch ein Julius – lebt er in einem alten Haus mitten im Wald.

Das Haus sieht mit seinem Turm und den vielen Fenstern fast wie ein kleines Schloss aus. Und man erreicht es nur über holprige Waldwege. Alex holt die Kinder mit seinem Geländewagen ab. Natürlich ist auch Amy, die Labradorhündin, wieder dabei. Sie schaut ganz aufgeregt durch die Autoscheibe, als es durch den großen Wald geht.

Jetzt aber ab ins alte Forsthaus! Marike und Julius haben ihr Zimmer in dem kleinen Turm an der Ecke. Von dort können sie in die Kronen der alten Bäume schauen. Marike entdeckt ein Eichhörnchen, direkt auf dem Fensterbrett. Neugierig schaut das Tier die Kinder an. „Das ist Karl. Der weiß, dass er bei uns immer einen Leckerbissen bekommt. Er ist fast zahm", sagt Alex. Aus seiner Tasche fischt er eine Nuss. Marike hält sie Karl hin, der direkt zugreift.

Die Kinder sehen auch einen Specht, der mit seinem Schnabel ein Loch in einen alten Baum schlägt. Sie freuen sich auf die Tage im Forsthaus – das wird so spannend hier!

GERÄUSCHE IN DER NACHT

Die Kinder können vor Aufregung kaum schlafen. Auch Amy ist unruhig. Plötzlich hören die drei ein Kratzen auf dem Dachboden über ihnen. Fast gleichzeitig macht es draußen: „Hu-hu-hu-hu …" Marike sieht einen Schatten, der vor dem Fenster herfliegt. Das ist ganz schön unheimlich hier, finden die Kinder. Sie stehen auf und schleichen über die knarrende Holztreppe nach unten zu Alex. Er beruhigt Marike und Julius: „Wir haben einen Marder auf dem Dachboden. Das ist ein kleines Raubtier, vielleicht so groß wie ein Dackel. Der jagt dort Mäuse … Und draußen, das war bestimmt unsere Waldohreule. Die nennt man so, weil sie seitlich am Kopf zwei Federbüschel hat. Die sehen aus wie Ohren. Wir nennen die Eule ‚Heini'. Er lebt in der großen Eiche vor dem Haus. Da gibt es eine Höhle im Stamm." Alex erklärt den Kindern, dass viele Tiere im Wald nachts aktiv sind und am Tag oft schlafen.

ALEX IST FÖRSTER

Die erste Nacht im Forsthaus war echt aufregend. Marike und Julius sind noch ziemlich verschlafen, als Amy sie anstupst und weckt. Heute werden die drei den ersten Tag mit Alex unterwegs sein. Sie wollen beim Frühstück unbedingt wissen, was so ein Förster eigentlich macht.

Alex erklärt seinen Job: „Eine Försterin oder ein Förster kümmert sich eigentlich um alles, was mit dem Wald zu tun hat. Ich betreue ein Forstrevier." Ein Revier kann mehrere Waldflächen enthalten und ist oft viel größer als eine Stadt.

Ein Förster entscheidet, wo und welche Bäume gefällt werden sollen. Damit pflegt er den Wald. Und oft organisiert er den Verkauf der Stämme. Außerdem plant er, wo neue, kleine Bäumchen gepflanzt werden sollen.

Förster arbeiten eng mit Waldbesitzern und Forstwirten – das sind die Waldarbeiter – zusammen. Gemeinsam müssen sie alles über die verschiedenen Baumarten wissen: Nicht jeder Baum wächst auf jedem Boden. Manche mögen es feuchter, andere wollen gerne viel Sonne haben. „Eigentlich muss ich auch ganz schön weit in die Zukunft blicken. Denn die Bäume brauchen zwischen 100 und 200 Jahre, bis sie

Alex arbeitet im Büro und ist auch ganz oft in den Wäldern unterwegs. Das macht ihm am meisten Spaß. Die Kinder und Amy steigen zu Alex in den Geländewagen und die Truppe fährt durch das Revier. Amy darf den Kopf aus der geöffneten Seitenscheibe halten und schnüffeln.

groß sind. Da sollen sie sich ja wohlfühlen", sagt Alex.

Der Förster bietet auch Führungen durch sein Revier an, zum Beispiel mit Schulklassen. Auch die Jagd gehört zu seinen Aufgaben. Warum die wichtig ist, möchte Alex den Kindern später noch genau erklären.

Alex und die Kinder kommen zu einem großen Stapel von Holzstämmen. Der Förster muss die Länge und die Dicke der Stämme ausmessen. Außerdem beurteilt er die Holzqualität. Danach entscheidet sich, was man aus den Stämmen machen kann und wie viel Geld der Waldbesitzer für sein Holz vom Käufer bekommt. Die Kinder helfen kräftig mit und halten das Maßband. Marike darf die Dicke messen. Das geht mit einer Art Greifer.

Kluppe nennt Alex das Gerät. Die Maße trägt der Förster in ein Tablet ein, mit dem er die Daten auch weiterverarbeitet.

Julius will wissen, ob Alex auch die Länge eines stehenden Baums messen kann. Alex zeigt den Kindern dazu einen Trick, das Försterdreieck: Er sägt sich einen Stock zurecht, der aus seiner Faust nach oben genauso weit herausragt, wie sein ausgestreckter Arm lang ist. Jetzt peilt Alex mit einem Auge über das obere Stockende und geht vorsichtig rückwärts, bis die Spitze des Baums gerade hinter dem Stockende verschwindet. Von dieser Stelle zählt er seine Schritte, bis er wieder am Stamm des Baums angekommen ist. Er weiß, dass jeder seiner Schritte fast genau einen Meter lang ist. Die Zahl der Schritte plus die Höhe bis zu seinem Auge ergibt die Baumhöhe. Also 20 plus die 1,75 Meter bis zu seinem Auge: Das macht eine Baumhöhe von 21,75 Meter. Ganz schön hoch!

BERUFE IM WALD

Forstwirtinnen und Forstwirte erledigen die Arbeiten, die der Förster zusammen mit ihnen plant. Früher nannte man sie Waldarbeiter. Sie pflanzen die jungen Bäume und fällen die großen. Die Forstwirte erlernen den Beruf im Wald und in der Schule. Wenn ein Forstwirt eine Maschine fährt, nennt man ihn auch *Forstmaschinenführer*. Einige Försterinnen und Förster haben übrigens vor ihrem Studium eine Ausbildung zum Forstwirt gemacht.

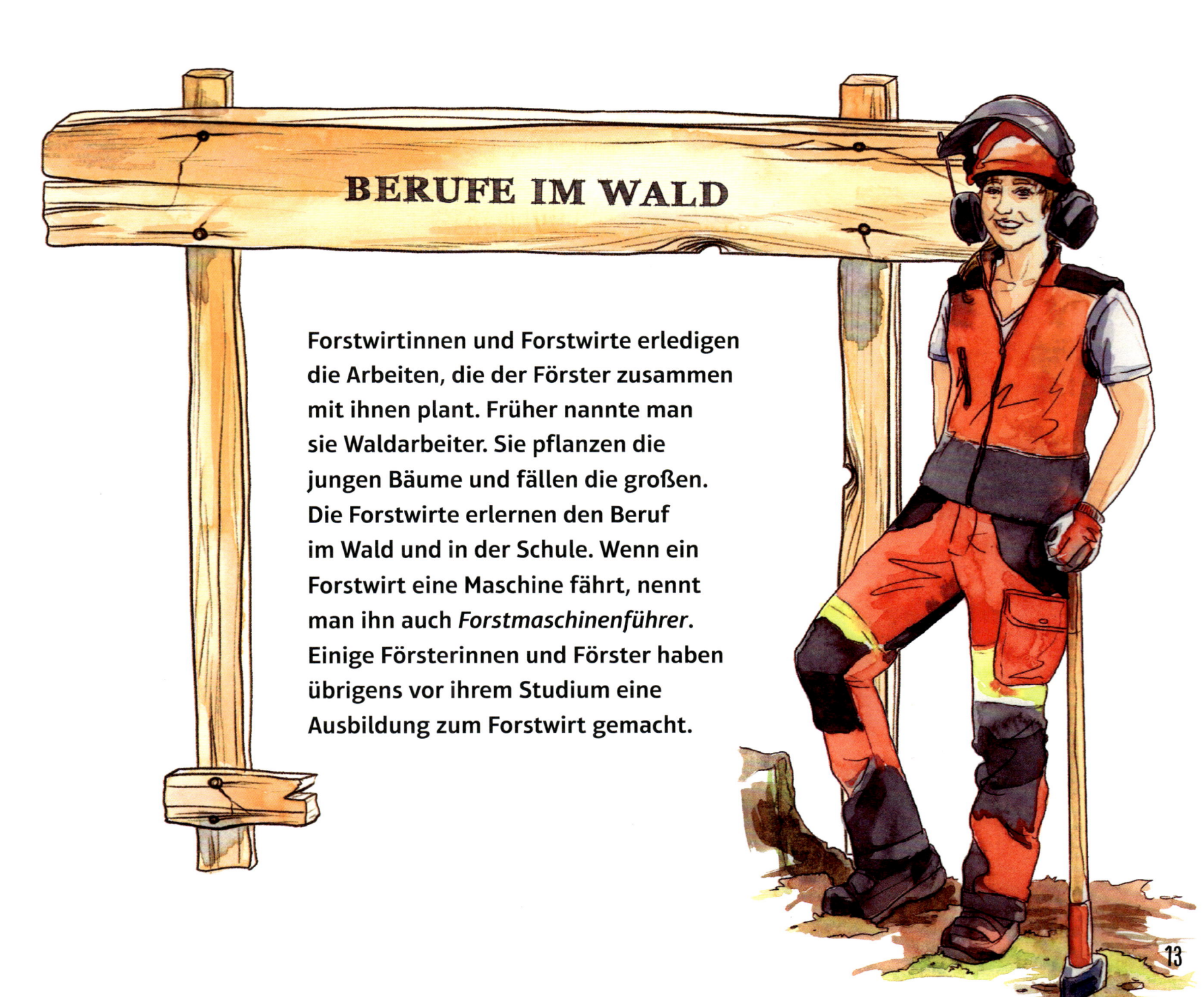

SO TOLL IST DER WALD

Die Kinder und Alex haben einen Rucksack gepackt. Sie wollen ein Stück weit durch das Revier wandern. Amy darf mit. Sie schnüffelt überall.

Alex erklärt den Kindern, dass Deutschland recht viel Wald hat. Knapp ein Drittel der Fläche ist Gehölz. Pro Einwohner wachsen rund 1000 Bäume. Julius rechnet fix: „Bei unserer Familie mit Marike, Mama, Papa und mir sind das 4000 Bäume!" Die Kinder können sich das nur schwer vorstellen. Marike bleibt stehen und beginnt zu zählen. Ganz schnell kommt sie bei 100 an und sie sieht noch viel, viel mehr Bäume!

Der Wald ist sehr wertvoll. Alex erklärt den Kindern, was er alles kann.

Der Wald ist ein wichtiger Lebensraum für Pflanzen, Tiere und Insekten. Er bietet ihnen Nahrung und Wohnung. Die Kinder hören die Vögel zwitschern und sehen von Weitem einige Rehe.

Der Wald schützt den Boden. Alex nennt das die *Schutzfunktion* des Waldes. In den Bergen verhindert er sogar Lawinen. Und Wald ist ganz wichtig für unser Trinkwasser. Der Waldboden filtert das einsickernde Regenwasser und speichert es.
Die Kinder und der Förster kommen zu einer Quelle. Hier sprudelt das Wasser an die Oberfläche und bildet einen kleinen Bach. Sie probieren einen Schluck Wasser. Es ist ganz kühl und schmeckt super. Auch Amy trinkt gierig. Sie hat richtig viel Durst vom Rumlaufen. Über einen Stein huscht ein kleines Tier. Eine Waldeidechse! Die fühlt sich hier besonders wohl.

Der Wald produziert Sauerstoff. Den brauchen alle Menschen und Tiere zum Atmen. Und die Bäume sind eine Art Klimaanlage. „Warum ist es im Wald eigentlich so viel kühler als auf dem Feld?", will Marike von Alex wissen. „Zum einen durch den Schatten. Zum anderen, weil die Bäume über ihre Blätter und Nadeln Feuchtigkeit in die Luft abgeben. Und Verdunstung kühlt!" Die Kinder streichen sich mit der Hand etwas Quellwasser auf den Unterarm. Sie pusten auf die nasse Stelle. Das wird noch kühler!

WEM GEHÖRT EIGENTLICH DER WALD?

In Deutschland gehört der Wald Familien, einigen Städten und Gemeinden und auch dem Staat. Das ist ganz unterschiedlich. Manche Eigentümer besitzen nur kleine Flächen – vielleicht so groß wie ein Fußballfeld. Anderen gehören riesige Wälder.

„Darf man einfach im Wald spazieren gehen, auch wenn der uns nicht gehört?", will Julius wissen. „Ja, in Deutschland gibt es das Betretungsrecht. Ihr dürft also fast alle Wälder betreten, wenn ihr euch dort erholen wollt. Dabei müsst ihr natürlich Rücksicht auf die Tiere und Pflanzen nehmen. Fast so, als wenn ihr beim Nachbarn durch den Garten lauft." Es gibt auch gesperrte Bereiche: bei der Jagd, wenn Bäume gefällt werden oder dort, wo seltene Tiere und Pflanzen sind. Auch junge Wälder, die wir *Kulturen* nennen, können gesperrt sein. Und – ganz klar – man darf kein Feuer oder Lärm machen.

Abends stülpen die Kinder zusammen mit Alex eine große, durchsichtige Plastiktüte über einen kleinen Baum am Forsthaus und verschließen sie dicht am Stamm mit einem Band. Nur ein paar Stunden später haben sich Wassertropfen innen an der Tüte abgelagert. Das Wasser ist durch die Blätter verdunstet und die Tüte hat es aufgefangen.

Der Wald hat auch eine *Nutzfunktion*, denn es wächst Holz dort. Es ist nicht schlimm, wenn man die Bäume absägt und das Holz nutzt – solange man darauf achtet, dass immer genug nachwächst. Der Förster verspricht den Kindern, dass sie sich in den nächsten Tagen genau ansehen, was man alles aus Holz machen kann.

Mit dem Mountainbike über Wege fahren, joggen oder wandern: Viele Menschen gehen in den Wald, um sich zu erholen. „Das nennen wir die *Erholungsfunktion*, und das ist total okay", findet Förster Alex. Aber die Menschen müssen natürlich auf die Tiere und Pflanzen Rücksicht nehmen. Dafür sollen sie auf den Wegen bleiben. Und Hunde dürfen nicht frei durch den Wald flitzen und Tieren nachjagen. Marike hält Amy deshalb lieber an der langen Leine. Denn die Hündin würde nur zu gerne hinter einem Reh herlaufen!

WAS MAN AUS HOLZ ALLES MACHEN KANN

Holz lässt sich gut verarbeiten, ist warm und oft auch biegsam. Es wächst ständig nach. Ein Förster entnimmt immer weniger Holz aus einem Wald, als in der gleichen Zeit nachwachsen kann. *Nachhaltiges Wirtschaften* nennt Alex das.

WAS SIND JAHRESRINGE?

Über die Wurzeln nehmen Laub- und Nadelbäume Wasser und Nährstoffe auf. Mit den Sonnenstrahlen erzeugen sie in den grünen Blättern oder Nadeln Zucker. Den Zucker wandeln die Bäume zu Holz um. Jedes Jahr wird der Stamm dadurch eine Schicht dicker. Diese Schichten nennt man *Jahresringe*. Man erkennt sie, wenn man einen Stamm durchschneidet. Marike und Julius zählen zusammen mit Alex die Jahresringe an einem Fichtenstamm. Puh, ganz schön anstrengend: Es sind 70 Ringe. Der Baum war also 70 Jahre alt, als er gefällt wurde. Die Ringe sind unterschiedlich dick. Ist der Ring dick, waren die Bedingungen für das Wachstum in diesem Jahr besonders günstig. Dünne Ringe bedeuten, dass es vielleicht zu trocken oder kalt war. Die Jahresringe können also richtige Geschichten erzählen!

Beim Wachsen zieht der Baum CO_2 aus der Luft. Das Gas ist eine Hauptursache für den Klimawandel, also dass es immer wärmer wird auf der Welt. Weil die Bäume es fest in ihr Holz einbauen, sind sie richtige Klimaschützer.

Die Kinder und der Förster kommen an einem großen Holzstapel vorbei. Amy und Marike balancieren vorsichtig auf einem Stamm. „Was kann man denn aus Holz alles machen?", wollen Marike und Julius wissen. Alex zählt die wichtigsten Möglichkeiten auf:

MÖBEL:

Aus sehr gutem Holz lassen sich tolle Möbel bauen, also Schränke, Tische oder Betten. Dafür kann man Eichen- oder Buchenholz nehmen. Es gibt außerdem Möbel aus Tannen- oder Kiefernholz. Sehr wertvolle Möbel, die man oft in Schlössern findet, haben die Tischler aus seltenen Hölzern gebaut, das von Kirsch- oder Nussbäumen stammt.

PALETTENHOLZ:

Dieses Holz kann man nicht für Möbel oder zum Bauen verwenden, aber man kann Paletten daraus machen. Die braucht man, um Waren schneller mit dem Gabelstapler auf einen Lkw laden zu können. Paletten kennen die Kinder auch aus dem Baumarkt.

INDUSTRIEHOLZ:

Dieses Holz ist oft zu dünn oder hat eine zu schlechte Qualität, um gesägt zu werden. Maschinen in einer Fabrik zerhacken es zu kleinen Spänen. Man erkennt später oft gar nicht mehr, dass das mal Bäume waren. Aus Industrieholz kann man Papier machen oder es in großen Platten zusammenpressen. Aus diesen Spanplatten werden dann wieder Möbel.

BAUHOLZ:

Das Gerippe unter den Dachpfannen von Häusern nennt man *Dachstuhl*, und der besteht meist aus Fichte. Das ist unser wichtigstes Bauholz.

BRENNHOLZ:

Holz zum Heizen kann man entweder zu kurzen Stücken verarbeiten. Die nennt man dann *Scheite*. Oder eine riesige Maschine hackt es zu Schnipseln. Das sind *Hackschnitzel*, die sich in großen Heizanlagen verarbeiten lassen. Außerdem gibt es Pellets zum Heizen. Diese kleinen Stückchen entstehen aus feinem Sägemehl.

WOHNEN WIE WALDMENSCHEN

Heute ist tolles Wetter – und Alex muss im Büro arbeiten. Marike und Julius können den ganzen Tag im Wald am Forsthaus spielen. Holz zum Bauen von Hütten gibts hier genug.

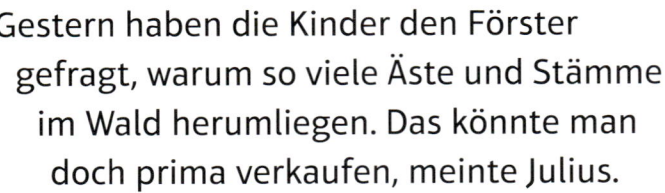

Gestern haben die Kinder den Förster gefragt, warum so viele Äste und Stämme im Wald herumliegen. Das könnte man doch prima verkaufen, meinte Julius. Alex nennt dieses abgestorbene Holz *Totholz*, und das hat eine ganz wichtige Funktion für die Lebewesen im Wald.

Im toten Holz wachsen Pilze, die es zersetzen. Und unter der Rinde leben Insekten. Von ihnen ernähren sich viele Vögel, wie z. B. der Specht. Auch anderen kleinen Tieren schmecken die Insekten. Außerdem bieten ihnen die Äste und Zweige Deckung vor Raubtieren. Nach und nach zerfällt das Totholz und die Pflanzen im Wald können seine wertvollen Nährstoffe gut nutzen. Das Totholz speichert auch ganz viel Wasser. Es hält Boden und Waldluft auch in heißen Phasen feucht.

Marike und Julius sammeln lange Zweige und stellen sie wie ein Indianerzelt zusammen. An einer Seite bleibt ein Eingang frei. Feine Äste bilden das Dach. Hier können sie sich prima verstecken. Wie echte Waldbewohner. Marike findet die Bäume am Rand toll. Sie haben tiefe Äste. Auf ihnen kann sie wie auf einer Leiter nach oben klettern. Wenn die Seitenäste stabil genug sind, kann man hier prima auch ein echtes Baumhaus bauen.

Mit einer kleinen Säge schneiden die Kinder einen langen, geraden Ast aus einem Haselnussstrauch. Alex hat ihnen gezeigt, wo sie das dürfen. An beiden Enden schnitzen sie mit dem Taschenmesser eine Kerbe in den Ast. Sie biegen den Ast zu einem Bogen und spannen eine feste Schnur von einem Ende zum anderen – fertig ist der Flitzebogen. Ein paar dünnere Äste sind die Pfeile. Am hinteren Ende sägen Marike und Julius die Pfeile vorsichtig ein und befestigen Federstücke, die sie im Hühnerauslauf beim Forsthaus gefunden haben. Nur noch die Spitzen der Pfeile schnitzen und los geht der Wettbewerb. Ein Strohballen aus dem Schuppen ist ein tolles Ziel! Natürlich passen sie auf, dass keiner in die Schussbahn läuft, denn das mit dem Bogen klappt schon ganz gut.

WARUM HABEN DIE BÄUME AM RAND MEHR ÄSTE?

Am Rand des Waldes haben die Bäume dickere Seitenäste, die oft dicht am Boden beginnen. Das liegt daran, dass die Bäume am Rand mehr Sonne abbekommen. Direkt im Wald müssen sie in die Höhe wachsen, um an das Licht zu gelangen. Deshalb haben sie unten kaum Seitenäste. Die Tischler finden das übrigens gut. Je weniger Seitenäste der Baum hat, desto besser lässt sich sein Holz später verarbeiten. „Daher kommt auch das Wort *astrein*, wenn man etwas gut findet", erklärt Förster Alex den Kindern.

KENNT IHR DIE BÄUME?

Heute ist Quiztag im Forsthaus. Alex hat mit den Kindern Zweige von verschiedenen Bäumen aus dem Wald geholt. An jeden Zweig hat Alex einen kleinen Zettel mit dem passenden Namen gebunden. Der wichtigste Unterschied sind die Blätter oder Nadeln. Fast alle Nadelbäume behalten ihre Nadeln auch im Winter. Sie sind *immergrün*, so nennen die Förster und Försterinnen das.

Im Herbst hängen oft auch Früchte an den Zweigen: Bucheckern oder Eicheln an den Laubbäumen, Zapfen bei den Nadelbäumen. Die Kinder prägen sich die Formen und Farben genau ein. Denn heute Abend veranstaltet Alex mit Marike und Julius ein kleines Quiz. Wer von ihnen die meisten Bäume erkennt, gewinnt!

Als sie die Namen auswendig lernen, fällt Marike auf, dass alle Bäume weibliche Namen haben – bis auf den Ahorn. „Das liegt daran, dass Bäume die Früchte für ihre Nachkommen tragen – deshalb hat man sie früher als Mütter des Waldes bezeichnet, also für weiblich gehalten", weiß Förster Alex.

Die Buche ist der häufigste Laubbaum bei uns. Sie kann bis zu 40 Meter hoch werden. Die Buchen fühlen sich auch im Schatten wohl. Das heißt, sie können auch unter anderen großen Bäumen wachsen, die nur wenig Licht durch ihr Blätterdach lassen. Ihre Rinde ist meist silbrig-grau und viel glatter als etwa bei der Eiche. Die Früchte nennt man *Bucheckern*. Aus Buchenholz kann man Möbel und Parkettböden machen. Auch für den Ofen eignet es sich prima.

Die Eiche erkennen die Kinder an ihrer dunklen Rinde mit den tiefen Rissen. Eichen lieben das Licht und können uralt werden, locker über 500 Jahre. Die häufigste Art bei uns ist die Stieleiche. Ihre Blätter sind eingebuchtet und oben von einem dunkleren Grün als auf der Unterseite. Die Früchte nennt man *Eicheln*. Das Holz ist hart, sehr gut haltbar und wertvoll. Manchmal schneidet man es in ganz dünne Schichten, die man auf anderes Holz klebt. Das nennt man *Furnier*. Auf einer Eiche leben oft viele Insekten, andere Tiere und Pflanzen. Marike und Julius lieben die riesige Eiche vor dem Forsthaus.

Eine junge Birke hat oft eine fast weiße Rinde. Birken wachsen sehr schnell und können so andere junge Bäume vor zu viel Sonne beschützen, manchmal aber auch verdrängen. Denn nach wenigen Jahren sind sie schon fünf Meter hoch. Eine Buche oder Eiche ist dann gerade erst einmal so groß wie Julius. Eine ausgewachsene Birke erreicht fast 30 Meter Höhe, sie wird aber nicht so alt wie andere Bäume. Ihr Holz ist hell und recht weich, weshalb es ein Tischler oft nicht verwenden kann. Früher haben die Bauern aus den feinen Birkenzweigen Besen gebunden – die sahen aus wie echte Hexenbesen. Alex hat so einen Reisigbesen im Schuppen. Marike und Julius versuchen, damit zu fegen – ganz schön schwer!

Die Fichte ist der häufigste Baum bei uns. Der Nadelbaum kann enorm hoch werden – bis zu 60 Meter. Das ist so hoch wie mancher Kirchturm. Die Rotfichte ist besonders häufig. Ihr Name kommt von ihrer rötlich braunen Rinde. Die Nadeln sind spitz und können piksen. Aus den Blüten der Fichte werden *Zapfen*, die an den Zweigen hängen. In ihnen stecken die Samen für neue Bäume. „Die Fichte ist unser wichtigster Bauholzlieferant", sagt Alex. Daraus kann man zum Beispiel einen Dachstuhl oder sogar ganze Häuser bauen.

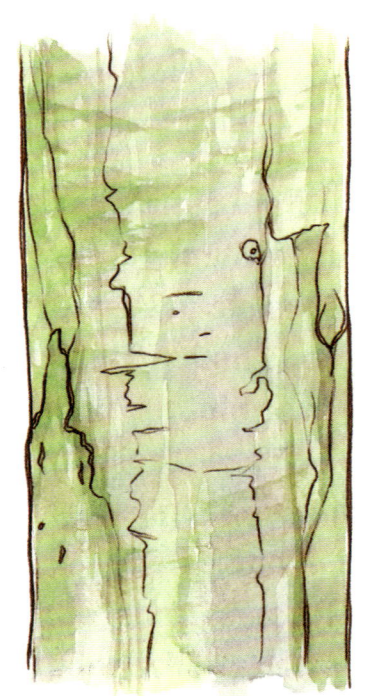

Die Tanne sieht fast wie eine Fichte aus, nur ist sie viel seltener. Die Krone der Tanne ist nicht so spitz wie bei der Fichte. Und die Rinde ist oft hellgrau. Zu diesen Tannen sagt man deshalb oft auch *Weißtanne* oder *Silbertanne*. Die Zapfen der Tanne stehen, anders als bei der Fichte, auf den Zweigen und zeigen also nach oben. Tannen können fast so alt werden wie Eichen. Ihre Nadeln sind weicher als die der Fichte. Deshalb stehen Tannen bei Rehen ganz oben auf der Speisekarte. Das Holz sieht fast genauso aus wie Fichtenholz.

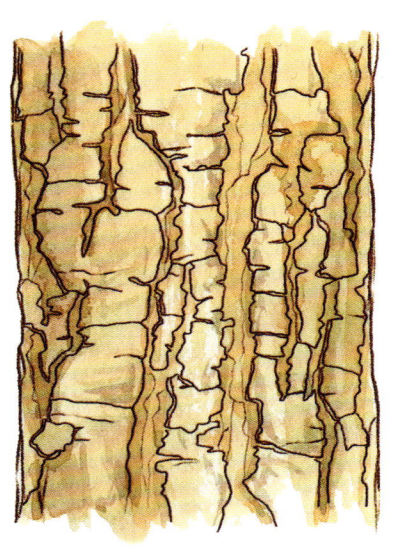

Der Ahorn hat eine schuppige, glatte Rinde. Julius kenn das Blatt eines Ahorns von der Flagge Kanadas – da ist nämlich eins drauf. Ein bekannter Vertreter ist der Bergahorn. Er wird bis zu 35 Meter hoch. Seine Früchte haben einen Flügel und landen im Herbst wie ein Propeller auf dem Boden. Das Holz ist wertvoll. Wenn man es in mehreren dünnen Schichten übereinanderklebt, kann man sogar Skateboards aus Ahornholz herstellen.

Die Waldkiefer wächst auch auf sandigem Boden. Dieser Baum ist sehr genügsam. Die Nadeln sind viel länger als bei der Fichte und nicht so spitz. Die Rinde erkennen die Kinder an ihren tiefen Rissen. Auch aus diesem Holz kann man Möbel und Dächer bauen.

VON BAUMBABYS UND IHREN ELTERN

Heute will Förster Alex Marike und Julius zeigen, wo die Kinder der Bäume herkommen: „Wenn wir Holz zum Bauen oder für den Ofen benutzen wollen, müssen wir uns ganz früh darum kümmern, dass neues nachwächst." Julius überlegt: „Müsst ihr denn jeden einzelnen kleinen Baum selbst pflanzen? Das ist ja riesig viel Arbeit!"

„Nee, wenn alles richtig läuft, sorgt der Wald selbst für Nachwuchs. Das nennen wir dann *Naturverjüngung*. Die Bäume produzieren in manchen Jahren Samen, also Eicheln, Bucheckern oder Zapfen. Die kennt ihr ja. Die Samen fallen auf den Boden und daraus entstehen dann die neuen Bäumchen – das sind also die Kinder von den Bäumen, die dort wachsen."

Damit sich die kleinen Bäumchen gut entwickeln können, brauchen sie Licht, Wasser und Nährstoffe. Außerdem darf kein Reh oder ein anderes Tier die jungen Pflänzchen abknabbern. Wenn alles passt, entsteht unter den mächtigen Altbäumen ein dichter Dschungel von jungen Bäumchen. Alex zeigt den Kindern, wie sowas aussieht. Julius schleicht sich ein Stück weit zwischen die Bäumchen und versteckt sich. Er ist fast gar nicht mehr zu sehen!

Marike denkt über die Frage von Julius nach: „Wo müsst ihr denn dann die Bäume pflanzen? Und wo kommen die kleinen Pflänzchen her?" „Wir pflanzen immer dann, wenn es die Natur nicht allein schafft oder es viel zu lange dauern würde", sagt Alex. „Zum Beispiel, wenn ein Sturm viele Bäume umgeworfen hat. Oder der Förster neue Baumarten in einer Gegend haben möchte, die bisher nicht dort wachsen."

Pflanzzeit ist vom Herbst bis zum Frühjahr. Die Waldarbeiter tragen die kleinen Bäumchen in einer Umhängetasche, damit die feinen Wurzeln nicht austrocknen. Mit Schwung schlagen sie die Hacke in den Boden und stecken das Pflänzchen in den Spalt. Es darf von der Wurzel nichts mehr herausschauen. Jetzt noch kräftig den Boden mit dem Fuß andrücken. „Wenn man richtig geübt ist, braucht man pro Bäumchen weniger als eine Minute. Das ist super anstrengend", erklärt Förster Alex.

Die Kinder dürfen es ausprobieren: Zusammen mit dem Förster buddeln sie an einer Stelle einige junge Bäumchen aus. Mit dem Spaten pflanzen sie die kleinen Buchen an einer anderen Stelle wieder ein. Wirklich echt schwer!

Die kleinen Bäumchen zum Pflanzen kommen aus speziellen Gärtnereien. *Baumschulen* heißen die. Dort säen die Arbeiter die Samen von Bäumen aus. Sie hegen und pflegen die kleinen Pflanzen, teils über mehrere Jahre. Dabei werden sie mehrfach umgepflanzt. Das nennt man *verschulen* – daher kommt also

der Begriff Baumschule. Fast so, als wenn Marike und Julius nach den Sommerferien in die nächste Klasse kommen. Durch das Verschulen bilden die Bäume dichte Wurzeln und lassen sich später besser im Wald auspflanzen.

Die Kinder haken nach: „Und wo kommen dann die Samen her? Sind denn in der Baumschule auch alte Bäume?" „Nein, im Herbst sammelt man die Samen im Wald ein. Aber das kann man nicht in jedem Wald machen." Die Förster suchen sich besonders gute Elternbäume dafür aus, die ganz gerade und mit wenig Ästen wachsen. Die geben ihre Eigenschaften an die jungen Bäumchen weiter. Und die Bäume müssen zur Gegend passen. Bäume aus dem Flachland wachsen schlecht auf den Bergen.

ZAPFEN WERDEN GEPFLÜCKT

Die meisten Bäume produzieren nur ab und zu Samen, meist alle zwei bis fünf Jahre. *Mastjahre* **lautet der Begriff, den die Förster verwenden, wenn Bäume Samen im Überfluss haben. Das hat damit zu tun, dass man früher Schweine mit den Eicheln gemästet hat.**

In den Mastjahren kann man die Samen im Wald sammeln. Bei einigen Bäumen spannen die Förster dafür Netze auf. Im Nadelwald arbeiten Zapfenpflücker. Die klettern mit ihren Seilen in sehr hohe, alte Bäume und pflücken die Zapfen, bevor sie zu Boden fallen. Dafür muss man ganz schön mutig sein!

DIE TIERE LIEBEN DEN WALD

Amy, die Kinder und Alex sind wieder im Wald unterwegs. Marike entdeckt, dass der Boden neben dem Weg ganz komisch aufgewühlt ist. „Das waren Wildschweine", weiß Alex. „Die graben die Erde mit ihren Rüsseln um und suchen nach Larven." Der Förster zeigt den Kindern die Spuren der Wildschweine im feuchten Boden. An einer anderen Stelle finden sie eine Art Kuhle im Laub. Hier haben einige Rehe gelegen und für ein paar Stunden geschlafen. Jäger nennen das auch das *Bett* der Rehe. Julius findet den Eingang zu einem Bau.

Vielleicht wohnt hier ein Dachs oder ein Fuchs. Überall gibt es Tiere – und die meisten verstecken sich so gut, dass man sie nur sehr selten sieht. „Die wittern oder sehen uns ganz früh. Vor allem wenn wir Amy dabeihaben, flüchten sie sofort." Alex erzählt den Kindern von den Tieren, die besonders oft in den Wäldern bei uns vorkommen. Daneben gibt es auch seltene Arten wie den Luchs oder den Wolf.

Den **Dachs** erkennt ihr an seinen schwarzweißen Streifen am Kopf – wenn ihr ihn überhaupt mal zu sehen bekommt. Er ist nämlich fast immer nachtaktiv. Seine Nase ist eine Art Rüssel, und der Dachs hat vorne kräftige Grabepfoten. Die braucht er, um im Boden nach Regenwürmern und Larven zu suchen. Außerdem stehen kleine Waldtiere, Beeren und Früchte auf seiner Speisekarte. Der Dachs wird knapp 90 Zentimeter lang und wohnt in einem großen Erdbau, der über mehrere Etagen gehen kann. Die Wohnkammer liegt tief unter der Erde. Einige Dachse teilen sich ihre Bauten sogar mit Füchsen.

Der **Fuchs** ist ein Verwandter der Hunde, also fast Amys Cousin. Wegen seiner Farbe nennen ihn viele auch *Rotfuchs*. Ein Fuchs kann sich gut anpassen. Er lebt in Wäldern. Es gibt aber auch Stadtfüchse, zum Beispiel in Berlin. Weil der Fuchs sich so gut durchschlägt, finden ihn die Menschen schlau. Daher kommt der Name *Schlaufuchs*. Füchse ziehen ihre Jungen meistens in Erdbauten groß. Einen weiblichen Fuchs nennt man *Fähe*, den männlichen *Rüde*. So ein Fuchs ist bei seiner Ernährung nicht besonders wählerisch. Er frisst gerne Mäuse oder auch Regenwürmer, im Sommer oft Früchte. Wenn er kann, packt er sich ein Huhn oder eine Gans. Vielleicht habt ihr schon mal das Kinderlied „Fuchs, du hast die Gans gestohlen" gesungen?

Rehe haben die Kinder schon unterwegs gesehen. Das Reh kommt sehr häufig vor und lebt gerne am Waldrand. Im Sommer ist es meist allein unterwegs. Im Winter fühlt es sich in größeren Gruppen wohl, die man *Sprünge* nennt. Die jungen *Kitze* kommen im späten Frühjahr zur Welt, ihre Mütter heißen *Ricken*. Das männliche Tier ist der *Bock*. Er trägt ein Gehörn auf dem Kopf, das jedes Jahr im späten Herbst abfällt und sich danach sofort wieder neu bildet. Rehe fressen vor allem Gräser, aber Knospen und Triebe von jungen Bäumen mögen sie auch sehr gerne. Wenn es zu viele Rehe gibt, wachsen im Wald keine jungen Bäume nach.

Im Wald leben auch **Hasen**. Sie haben lange Ohren, die man *Löffel* nennt. Auch auf Feldern findet man die Tiere oft. Hasen mögen Gräser, Kräuter und Blätter von jungen Bäumchen. Vor Feinden flüchten sie schnell. Wenn jemand besonders ängstlich ist, nennt man ihn auch manchmal *Hasenfuß*. Zwar ist das Kaninchen mit dem Hasen verwandt, hat aber nicht so lange Löffel und weniger kräftige Hinterbeine. Anders als der Hase, der meist lieber allein unterwegs ist, leben Kaninchen in Familien, graben sich einen Bau und verstecken sich dort vor Räubern.

Rothirsche haben eine große Verwandtschaft, zu der auch Rentiere und Elche gehören. Der Rothirsch ist eins der größten frei lebenden Tiere bei uns. So ein Hirsch kann über 100 kg wiegen. Damit ist er locker zweimal so schwer wie Julius. Ganz auffällig ist das mächtige Geweih der männlichen Tiere, das ihr bestimmt kennt. Wie beim Reh fällt es einmal im Jahr ab und bildet sich dann neu. Je größer das Geweih, desto älter der Hirsch. Das weibliche Tier heißt *Hirschkuh*, die Jungen nennt man *Kälber*. Auf dem Hirsch-Speiseplan stehen Gräser, Kräuter und Zweige. Mit ihren Zähnen schälen die Tiere sehr gerne die Rinde von Bäumen ab und fressen sie. Dadurch sterben viele Bäume ab. Wenn es zu viele Hirsche gibt, leidet der Wald.

Wildschweine sind die Urgroßeltern unserer Hausschweine. Wegen ihrer dunklen Farbe nennen Jäger sie auch *Schwarzwild*. Ein Wildschwein kann sich super anpassen und lebt manchmal sogar in der Stadt. Es frisst fast alles, was ihm vor den Rüssel kommt. Auf der Suche nach Wurzeln, Würmern und Larven von Käfern gräbt es den Boden um. Ihm schmecken außerdem Mäuse oder Eier. Auf den Feldern bedient es sich an Kartoffeln oder Maispflanzen. Im Wald findet es Eicheln und Bucheckern lecker. Das Muttertier heißt *Bache*. Das männliche Wildschwein nennt man *Keiler*. Es hat mächtige Eckzähne, die es als gefährliche Waffen einsetzt. Die jungen Tiere sind die *Frischlinge*. Sie haben Streifen auf dem Rücken.

Natürlich leben auch jede Menge **Vögel** im Wald. Sie bauen hoch oben in den Bäumen ihre Nester oder hausen in Höhlen alter Bäume. Die Eule Heini haben die Kinder schon nachts gehört. Auch mit dem Specht und dem Eichelhäher werden sie noch Bekanntschaft machen.

Auch **Mäuse** leben im Wald. Es gibt ganz unterschiedliche Arten. Manche graben sich sogar Bauten und leben fast immer unterirdisch. Mäuse mögen Gräser, Samen und andere Pflanzenteile. Einige finden auch Insekten lecker. Sie sind Nagetiere und können mit ihren kräftigen Vorderzähnen alles anknabbern. Mäuse sind sehr fruchtbar und haben viele Nachkommen. Leider haben sie das Pech, dass sie Nahrung für viele andere Tiere sind. Die Waldohreule oder der Marder vom Forsthaus mögen sie besonders gerne.

Wiesel sind kleine, flinke Raubtiere. Sie sind mit den größeren Mardern verwandt. Viele Wiesel haben ein braunes Fell. Sie gehen vor allem in der Dämmerung und nachts auf die Jagd. Dann müssen Mäuse, Kaninchen und kleine Hasen gut aufpassen! Auch Vögel oder Eichhörnchen sind vor ihnen nicht sicher. Das Mauswiesel ist der bekannteste Vertreter dieser Familie. Es kann bis zu 30 Zentimeter lang werden.

WER WOHNT DENN DA?

Unterwegs entdecken die Kinder an einem Feldrand eine mächtige Eiche. Versteckt in dem großen Baum ist ein Hochsitz. Die Kinder klettern zusammen mit Alex auf die kleine Plattform und sind plötzlich mitten zwischen den Ästen. Sie entdecken hier eine ganz andere Welt. Das Laub ist weniger dicht als bei anderen Bäumen! Zwischen den mächtigen, knorrigen Ästen summt, raschelt und zirpt es überall!

Plötzlich hören die Kinder ein krächzendes Geräusch in den Ästen über ihnen. „Das ist der Warnruf vom **Eichelhäher** – er ist hier die Wache", sagt Alex und grinst. „Jetzt wissen auch die anderen Tiere, dass wir hier sind." Der Eichelhäher ist ein Rabenvogel. An den Seiten hat er leuchtend blaue Federn.

„Eichen werden sehr alt. Diese hier hat bestimmt über 400 Jahre auf dem Buckel", flüstert Alex. Die drei bleiben ganz still auf dem Hochsitz und entdecken, welche Lebewesen es auf dem alten Baum gibt. Die Eiche ist die Heimat von besonders vielen Insekten. Sie behält auch ihre toten Äste, und hier fühlen sich Käfer und andere Insekten wohl. Alex zeigt den Kindern einen schwarzen **Hirschkäfer**, der am Kopf fast so etwas wie ein Geweih hat. Seine Larven entwickeln sich in den Totästen.

Kaum ist der Eichelhäher verstummt, hören die drei über sich das Klopfen eines **Spechts**. Durch das Fernglas, das Alex mitgebracht hat, entdecken sie den kleinen Vogel bei der Arbeit. Er ist schwarzweiß gefleckt und hat einige rote Schwanzfedern. Ein **Buntspecht**

sucht unter der Borke der Totäste nach Insektenlarven. Er hämmert mit seinem Schnabel wahnsinnig schnell auf das Holz ein. Dass der keine Kopfschmerzen bekommt, wundert sich Marike.

Ganz oben in der Eiche ist ein mächtiger Ast herausgebrochen. „Das war ein Blitzschlag bei einem Gewitter", weiß Alex. „Da oben gibt es eine Baumhöhle und dort lebt ein **Waldkauz**. Das ist eine Eulenart. Wie die Waldohreule Heini vom Forsthaus ist der Kauz in der Dämmerung und nachts unterwegs. Den können wir jetzt nicht entdecken, aber nachts hört man ihn oft rufen." Der Waldkauz ist ein Jäger und ernährt sich vor allem von Mäusen. Manchmal schnappt er sich einen Vogel oder sogar ein kleines Eichhörnchen.

Julius findet es spannend, dass es in dem mächtigen Baum Höhlen gibt: „Leben dort noch mehr Tiere?" Förster Alex denkt kurz nach: „Vielleicht haust dort auch ein **Siebenschläfer.** Das kleine Tier sieht etwas wie ein Eichhörnchen aus. Das Kerlchen sucht sich kleine Höhlen und schläft fast den ganzen Tag. Er ist wie der Kauz nachtaktiv. Dann muss er wachsam sein, dass ihn der Waldkauz nicht entdeckt!"

AUCH BÄUME KÖNNEN KRANK WERDEN

Die Kinder sind noch ganz begeistert von den vielen Tieren, die auf der alten Eiche leben. Auf dem Rückweg zum Forsthaus fahren sie an einem Waldstück vorbei. Hier sollten eigentlich dunkelgrüne Fichten stehen. Doch die Bäume sind braunrot. An den Stämmen löst sich die Rinde.

„Das war der **Borkenkäfer.** Wenn es zu viele von ihm gibt, sterben ganze Wälder ab." Alex stoppt den Geländewagen und geht mit den Kindern in den toten Wald. Mit seinem Taschenmesser schält er die Rinde von einer der wenigen grünen Fichten etwas ab. Darunter wimmelt es von kleinen, schwarzen Käfern. „Die heißen **Buchdrucker** und haben sich in den letzten Jahren stark vermehrt", sagt Alex. „Diese Käfer machen uns sehr große Sorgen." Alex meint, dass die Fichte in einigen Regionen sogar komplett aussterben könnte.

Gesunde, vitale Bäume können sich vor Schädlingen schützen. Sie machen das zum Beispiel, indem sie Harz bilden. Das ist eine zähe Masse, die an Verletzungen austritt. Sie kann auch Insekten abwehren. Alex zeigt den Kindern eine harzende Stelle an einem Baum. Das Zeug bleibt direkt an den Fingern kleben.

Doch wenn es zu warm oder zu trocken ist, haben die Bäume Stress – wie wir Menschen auch. Sie können dann kaum Harz bilden und die Insekten haben freie Bahn. Die Bäume werden krank oder sterben sogar ab. Andere, neue Insekten wandern durch den Klimawandel aus warmen Regionen überhaupt erst ein. Die Bäume können sich darauf kaum einstellen. Marike und Julius haben zum Beispiel vom **Eichenprozessionsspinner** gehört, den es hier früher nur sehr selten gab, bis er aus Südeuropa eingewandert ist.

WIE EMPFINDLICH SIND DIE BÄUME?

Einige Baumarten – wie die Fichte – reagieren empfindlicher auf Trockenheit, Hitze oder Schädlinge als andere. „Wir wissen nicht genau, welche Bäume mit dem Klimawandel klarkommen und welche nicht", erklärt Alex. Hier die richtigen Antworten zu finden, ist eine riesige Aufgabe, denn die Bäume wachsen ja über hundert Jahre. „Wie macht ihr das dann?", will Julius wissen. „Wir pflanzen vor allem Bäume, die robust sind. Dazu gehören Eichen, Robinien und auch die Nadelbäume Weißtanne oder Douglasie. Von denen wissen wir, dass sie an diesen Orten wahrscheinlich auch überleben können, wenn es ganz lange nicht regnet." Oder die Förster gucken sich an, welche Bäume es in wärmeren Regionen gibt. Vielleicht sind sie die Zukunft.

Die Bäume sollen in Mischwäldern wachsen. Da gibt es dann immer zwei oder drei Baumarten, die mit Schädlingen, Hitze oder Trockenheit besser fertigwerden als andere. So sterben vielleicht einzelne Bäume ab. Aber nicht, wie durch den Borkenkäfer, der gesamte Fichtenwald.

VIELE BÄUME HALTEN DEN WALD GESUND

Alex möchte Marike und Julius heute zeigen, dass es ganz verschiedene Wälder gibt. Zusammen fahren sie zu einem Waldstück. Hier sehen sie direkt, dass ganz alte und junge Bäume bunt gemischt wachsen. An einigen Stellen sind auch Fichten dabei.

Zusammen mit Alex binden sie um jeden Stamm einer anderen Baumart, die sie gerade finden, ein buntes Band. Zum Schluss zählen sie, wie viele unterschiedliche Bäume sie ausfindig machen konnten. Es sind fast fünfzehn!

Der Förster erklärt den Kindern, dass gemischte Wälder viel stabiler wachsen. Sie sind gesünder. Wenn mal eine Baumart krank wird, sind noch ganz viele andere übrig, denen es gut geht.

Dann stoppen sie an einem Fichtenwald, der noch gesund ist. Hier ist es ziemlich dunkel, die dichten Kronen lassen kein Licht durch. Auf dem Boden wachsen deshalb keine anderen Pflanzen.

„So einen Wald nennen wir *Fichtenreinbestand*", sagt Alex. Hier wächst nur eine Baumart. Alle Bäume sind gleich alt. Wenn alles gut klappt, bringt so ein Wald sehr viel Holz ein. Er ist jedoch sehr anfällig, weil es nur eine Baumart gibt. Krankheiten, Insekten oder Stürme können sehr große Schäden verursachen. Was passiert, wenn Borkenkäfer einen Wald wie diesen befallen, haben die Kinder ja schon gestern gesehen. „Deshalb möchte man solche Wälder heute eigentlich nicht mehr. Das Risiko, dass etwas schiefgeht, ist einfach zu hoch."

DIE MISCHUNG MACHTS!

Inzwischen hat man erkannt, dass gemischte Wälder robuster und artenreicher sind. Die Förster nennen das Konzept *naturnahe Waldwirtschaft*. Sie versuchen, den Wald so natürlich wie möglich zu gestalten. Aber gleichzeitig pflegen sie den Wald so, dass viel wertvolles Holz heranwächst. Dazu sagt man auch *nachhaltige Forstwirtschaft*.

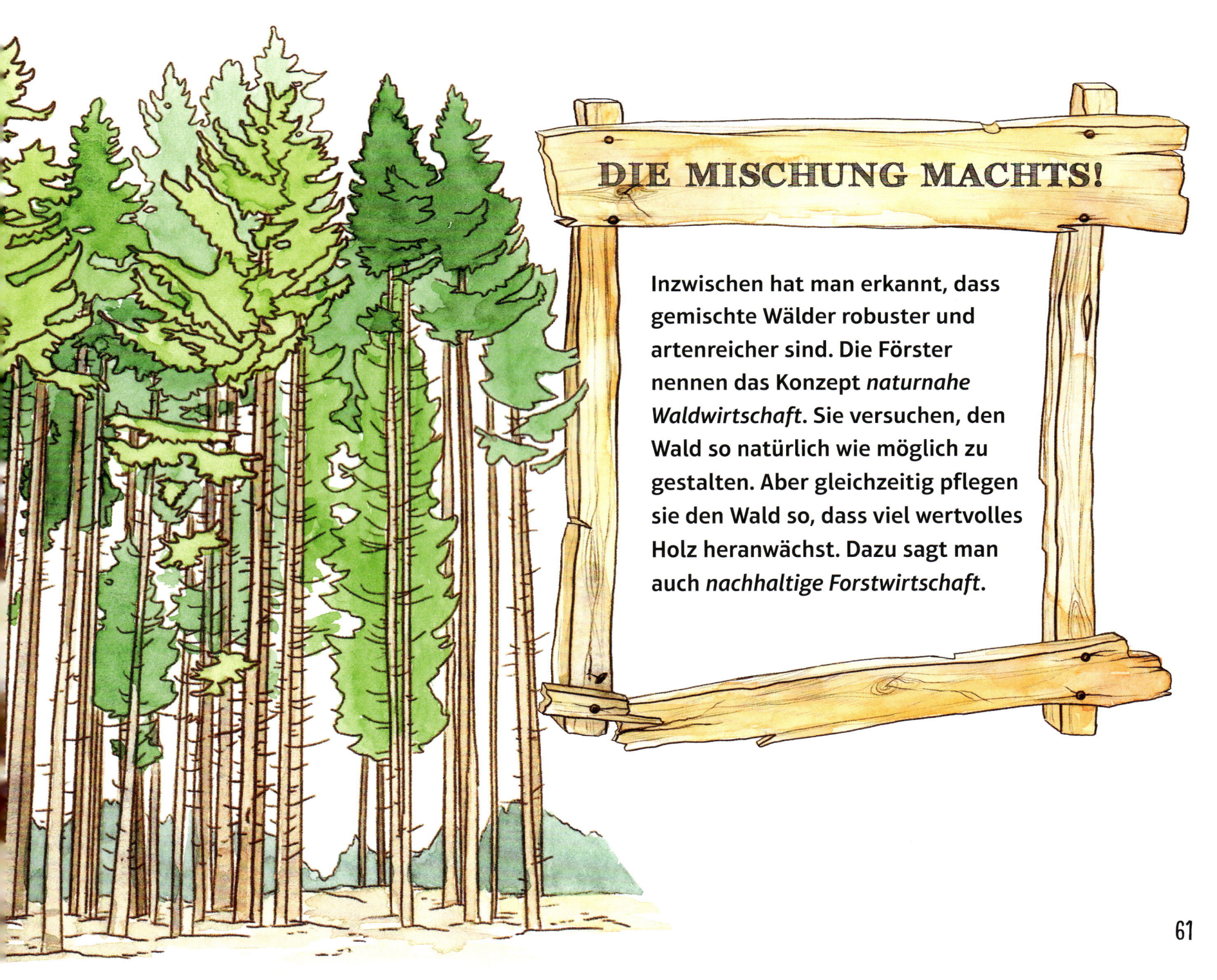

WARUM JÄGER DEN WALD SCHÜTZEN

Als die Kinder zusammen mit Förster Alex durch den Wald fahren, springt plötzlich eine Gruppe Rehe über den Waldweg. Hinten, auf dem Rücksitz, ist Amy ganz aufgeregt. Sie stellt sich an wie ein echtes Raubtier, und die Kinder lachen. So viele Rehe haben sie noch nie aus der Nähe gesehen! Aber der Förster ist gar nicht so begeistert. Er erklärt den Kindern, warum: „So ein Reh ist ein echter Feinschmecker. Es knabbert ganz gezielt die jungen Bäumchen ab. Wenn zu viele Rehe da sind, wächst nichts nach. Und ein Mischwald kann sich gar nicht erst entwickeln."

Er geht mit den Kindern zu einem Zaun. Hier hat der Förster zusammen mit den Forstwirten einen kleinen Bereich von zehn mal zehn Metern abgetrennt. Die Rehe kommen da nicht herein. Den Kindern fällt auf, dass innerhalb des Zauns viel mehr Pflanzen und auch junge Bäumchen wachsen. „Daran kann ich als

SCHUTZ FÜR DIE BÄUME

In einem naturnahen Wald stehen ganz junge und ganz alte Bäume zusammen. Junge Bäume müssen die Forstleute oft vor dem Wild schützen. Größere Pflanzen kann man mit einer Spirale aus Kunststoff umwickeln. Wenn die Forstwirte größere Flächen schützen wollen, müssen sie manchmal auch Zäune errichten. Die Zäune können entweder aus Draht oder Holz gebaut sein. Eigentlich gehören Plastik und Draht nicht in den Wald. Wenn Wild und Wald im Einklang sind, kann man darauf verzichten.

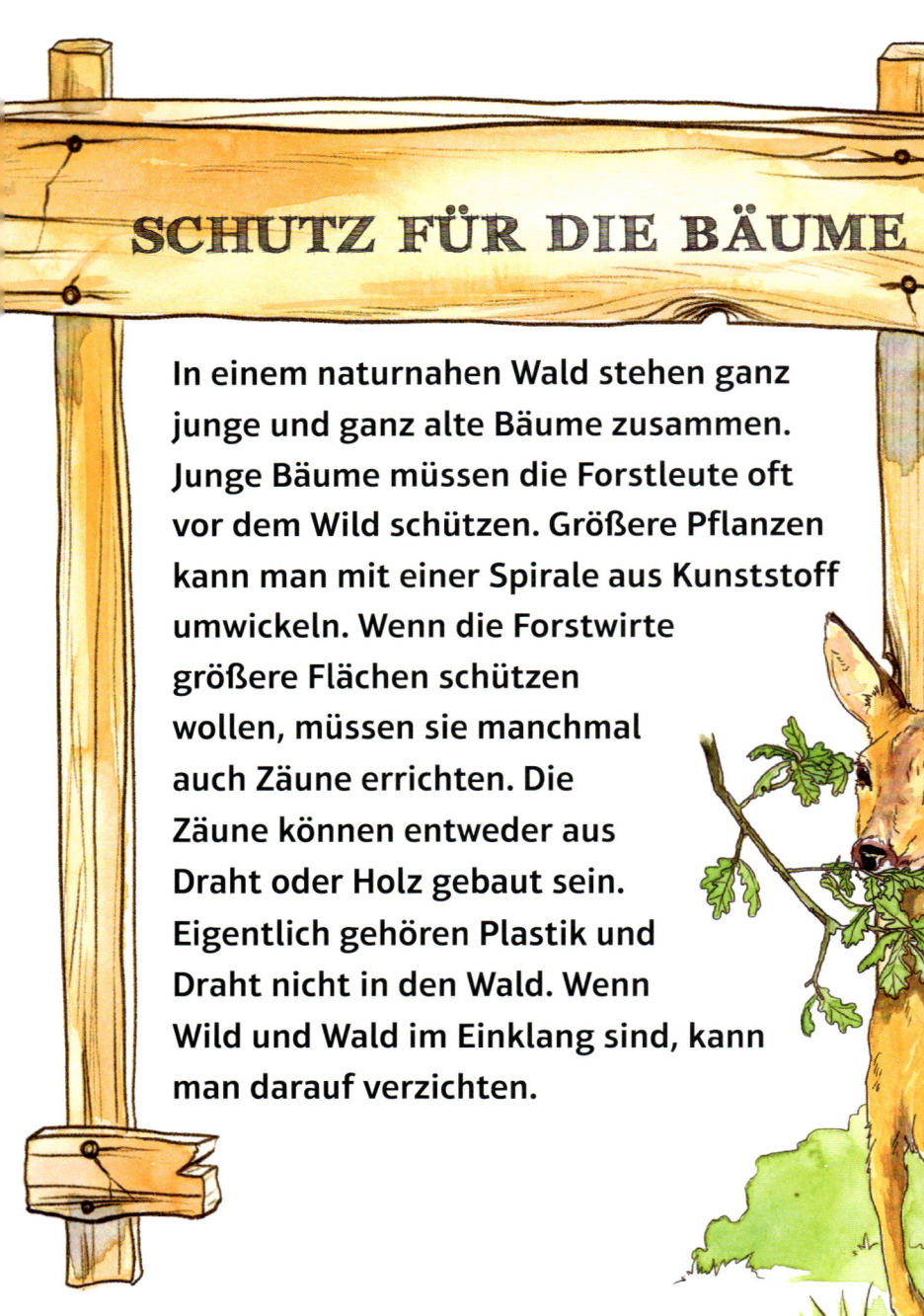

Förster erkennen, dass in diesem Wald zu viele Rehe leben", gibt Alex ihnen zu verstehen.

Nicht nur das Knabbern der Rehe an den jungen Bäumchen ist ein Problem. Die Böcke, also die männlichen Tiere, reiben auch mit ihrem Gehörn an den Pflanzen. *Fegen* heißt das in der Fachsprache und auch das kann die kleinen Bäume stark beschädigen. Die großen Hirsche nagen gerne an den Rinden und ziehen ganze Fetzen ab. Das nennt Alex *schälen*. Die Wunden der Bäume heilen nur schlecht. Oft breiten sich hier Pilze aus, die dann das Holz zerstören.

Wenn es zu viele Rehe gibt, müssen Förster oder Jäger eingreifen. Sie erlegen die Rehe oder Hirsche mit einem Gewehr. Marike und Julius werden traurig, als Alex ihnen das erklärt. Aber andererseits können

sie es auch verstehen. Eine Jägerin oder ein Jäger muss eine Ausbildung und Prüfung machen. Dabei lernen sie, ein Reh so zu treffen, dass es nicht leidet. Dafür sitzt ein Jäger auf einem Hochsitz und wartet, bis ein Reh in die Nähe kommt und er es sicher treffen kann. Das dauert manchmal Stunden.

Ein Förster sieht sich einen jungen Wald genau an. Findet er alle Baumarten, die er sich wünscht, passen Wald und Wild zusammen. Fehlen jedoch wichtige Baumarten, die eigentlich da sein müssten, gibt es zu viele Rehe oder Hirsche. Dann legt er fest, dass der Jäger mehr Tiere erlegen muss. Alex sagt: „Wir wollen ja, dass sich der Wald immer wieder von selbst verjüngt, also dass immer wieder Bäume von selbst nachwachsen. Und das kann er nur, wenn es nicht zu viele Rehe und Hirsche gibt."

HEUTE GIBTS SPAGHETTI VOM HOLZHERD

Alex hat heute frei. Da kann er sich um sein eigenes Holz kümmern. Zusammen mit Marike und Julius verarbeitet er weniger wertvolle Stämme zu Brennholz für seinen Ofen. „Früher haben die Leute fast nur mit Holz geheizt", sagt Alex. „In einigen Regionen haben sie so viel Holz verbraucht, dass der Wald fast ganz verschwunden war."

Alex schneidet die Stämme mit seiner Motorsäge in kurze Stücke, die später in den Ofen passen. „Können wir das Holz direkt verbrennen?", will Marike wissen. Alex erklärt den beiden, warum das nicht geht: „Im frischen Holz steckt jede Menge Wasser. Wenn wir das in den Ofen stecken, qualmt und riecht es stark. Das Holz muss erst ein, besser zwei Jahre durch den Wind trocknen." Damit das Wasser schneller aus dem Holz kann, spaltet Alex die runden Holzrollen mit einer Axt. Die kleinen Stücke, die dabei entstehen, heißen *Scheite*. Das ist ganz schön anstrengend.

Mit einem hydraulischen Spalter kann Alex auch die dicken Stücke zu Scheiten verarbeiten: Dafür drückt ein dicker Zylinder ein scharfes Messer durch das Holz, bis es in zwei Teile zerspringt.

Alex zeigt den Kindern, wie sie sicher mit der Axt arbeiten können. Sie müssen sich breitbeinig hinstellen, damit die Axt nicht ihre Beine trifft, wenn ein Schlag mal danebengeht. Jetzt spalten Marike und Julius ihr eigenes Holz. Zusammen mit Alex stapeln die Kinder die fertigen Scheite auf. Sie müssen vor Regen geschützt sein. Und wenn der Wind durch den Stapel wehen kann, trocknet das Holz am besten.

Abends kochen Marike und Julius mit der Familie von Alex Spaghetti. Dafür heizen sie den alten Holzherd in der Forsthausküche an – wie früher, als es noch keinen Elektroherd gab. Zuerst zündet Alex das Feuer mit extra klein gespaltenen, sehr trockenen Holzstückchen und etwas Zeitungspapier an. Nachdem sich Glut gebildet hat, darf Marike größere Scheite auf das Feuer im Herd legen. Fast eine halbe Stunde dauert es, bis die Herdplatte das Nudelwasser zum Kochen bringt.

KOHLE AUS HOLZ

Alle Holzarten lassen sich verbrennen. Das kann sogar umweltfreundlich sein. Denn der Baum hat das CO_2, das beim Verbrennen freigesetzt wird, vorher aus der Luft geholt. Besonders viel Wärme spenden Scheite aus Buchen- und Eichenholz.

Übrigens: Sogenannte *Köhler*, wie der Mann auf dem Bild, haben einst aus Holz im Wald Holzkohle hergestellt. Heute nimmt man sie fast nur noch zum Grillen. In der Vergangenheit brauchte man die Holzkohle in der Industrie. In der Zeit ging es dem Wald oft sehr schlecht, weil die Bäume nicht schnell genug nachgepflanzt wurden.

Marike und Julius sehen sich die Flammen im Ofen genau an. Denn Alex hat ihnen Folgendes erklärt: Eigentlich brennt nicht das Holz, sondern das Gas, das aus dem Holz entweicht, wenn es heiß wird.

BÄUME BRAUCHEN PLATZ!

Marike und Julius sind jetzt schon seit zwei Wochen bei Alex und seiner Familie im Forsthaus. Weil Alex heute in die Stadt muss, hat er seine Kollegin Anna-Maria gefragt, ob sie die Kinder und Amy mit in den Wald

nehmen kann. Kein Problem für die junge Försterin. Heute steht bei ihr die *Kulturpflege* auf dem Programm. „Kulturpflege – was ist das denn?", will Marike wissen.

WENIGER ÄSTE – BESSERES HOLZ

Je weniger Äste ein Baumstamm unterhalb der Krone hat, desto wertvoller ist das Holz. Bei der Pflege können die Förster das bei einigen Baumarten beeinflussen. Dazu lehnen sie, wie auf der rechten Seite, lange Leitern an besonders wertvolle Stämme und sägen die Seitenäste vorsichtig ab. Diese Arbeit heißt *Wertästung*. Sie erhöht den Wert vom Holz.

„Manchmal wächst ein junger Wald nicht so, wie wir uns das vorstellen. Brombeeren können zum Beispiel so stark wuchern, dass sie die jungen Bäumchen erdrücken. Oder es gibt auch Bäume, die besonders schnell wachsen und anderen Bäumen, die man für den Mischwald braucht, das wichtige Licht wegnehmen", sagt Anna-Maria. „Dann muss ich eingreifen, damit möglichst alle Bäumchen eine Chance bekommen."

In einem Waldstück treffen die vier Jasper. Er arbeitet zwischen Pflanzen, die gerade mal so hoch sind wie seine Brust. Der junge Forstwirt hat sich sein Arbeitsgerät umgehängt. Hinter seinem Rücken knattert ein Motor. „Das ist ein Freischneider", erklärt Anna-Maria.

Am Ende der langen Stange vom Freischneider dreht sich ein scharfes Messer. Mit einer Art Fahrradlenker kann Jasper genau steuern, wo das Messer arbeitet. Er muss ganz vorsichtig sein, damit er nur die Brombeerranken und andere unerwünschte Pflanzen erwischt. Ganz exakt schneidet er um jeden jungen

Baum einen Kreis. „Weil das so anstrengend ist, machen wir das nur, wenn es nicht anders geht", erklärt Jasper den Kindern.

Julius denkt nach: „Wenn ein Wald über hundert Jahre wächst – müsst ihr das nur einmal machen?" „Gute Frage, Julius!" Försterin Anna-Maria erklärt, wie es weitergeht: „Wenn die Bäume heranwachsen, nehmen wir immer wieder mal schlechte und krumme heraus. Dazu muss sich der Forstwirt gut auskennen, und sehen, wann das wirklich notwendig ist. Wir wollen ja auf der einen Seite, dass alles so natürlich wie möglich läuft. Machen wir aber gar nichts, stehen manchmal zu viele Bäume dicht beieinander. Weil Licht, Nährstoffe und Wasser dann nicht für alle reichen, wächst keiner der Bäume so richtig gut."

Wenn der Wald schon älter ist, wählen die Förster bestimmte Bäume aus, die sie besonders fördern wollen. Diese Bäume nennen sie *Z-Bäume*. Das Z steht für *Zukunft*. Einige andere Bäume, die den Z-Bäumen Konkurrenz machen, fällen die Waldarbeiter. Diese Arbeit nennt man *durchforsten*.

FRANZI FÄLLT BÄUME MIT DER MASCHINE

Heute sehen die Kinder eine merkwürdige, große Maschine im Wald. Der Greifer der großen Maschine legt sich um einen Baum. Unten in der Zange klappt eine Kettensäge aus und schneidet den Baum ab. Zwei Stahlräder schieben den Stamm dabei unglaublich schnell durch den Greifer.

Dabei trennen Messer die Äste ab. Ganz plötzlich stoppen die Räder. Dann klappt wieder die Kettensäge aus und schneidet ein Stück vom Stamm ab. Alle Stücke sind gleich lang, denn der Greifer kann auch die Länge abmessen.

„Das ist ein Harvester", erklärt Alex den Kindern. Aus sicherer Entfernung sehen sie der Maschine bei der Arbeit zu. Die Fahrerin der Maschine heißt Franziska. Ihr Auftrag heute: diejenigen Bäume fällen, die Alex vorher mit roter Farbe markiert hat. Das sind kranke oder beschädigte Bäume. Oder solche, die noch bessere Bäume bedrängen und ihnen Licht wegnehmen. Bei der Arbeit muss Franzi gut aufpassen, dass sie die anderen Bäume nicht beschädigt – ganz schön schwierig!

Franzi fährt bei der Arbeit auf geraden Wegen, den Rückegassen, durch den Wald. Normalerweise haben sie einen Abstand von 20 bis 40 Metern. Die Äste fallen auf die Rückegasse und der Harvester fährt über die Zweige. Das soll den Boden schonen.

Als Franzi eine Pause macht, dürfen sich die Kinder die Kabine ansehen. Es gibt unheimlich viele Hebel, Knöpfe und Bildschirme. „Fast wie in einem Hubschrauber!", ruft Julius begeistert. Marike fragt Franzi: „Warum machst du das mit so einer Maschine?" Franzi ist gelernte Forstwirtin und erklärt es den Kindern: „Wenn ich das mit einer Motorsäge machen würde, wäre das richtig schwer und würde Wochen dauern. Außerdem wäre es sehr gefährlich!"

Ob die Stämme einfach liegen bleiben? Nein, wenn Franzi fertig ist, kommt eine andere Maschine mit einem Kran und einer Ladefläche. Dieser Rückezug fährt die Abschnitte aus dem Wald zur Straße. Manche nennen ihn auch *Forwarder*. Der Rückezug türmt die Stammstücke zu einem großen Haufen auf, den man *Polter* nennt. Hier holt später ein Lkw das Holz ab und bringt es zum Sägewerk.

MASCHINE AUS FINNLAND

Harvester kommen ursprünglich aus Finnland. Diese Maschinen sind extrem kompliziert und teuer. Manche Waldbesucher mögen die großen Geräte gar nicht im Wald. Allerdings haben die Harvester den Job für Waldarbeiter leichter und sicherer gemacht. Förster Alex bemüht sich, den Einsatz von Franzis Harvester so zu planen, dass er möglichst keinen Schaden anrichtet. Schon nach kurzer Zeit kehrt wieder Ruhe ein im Wald.

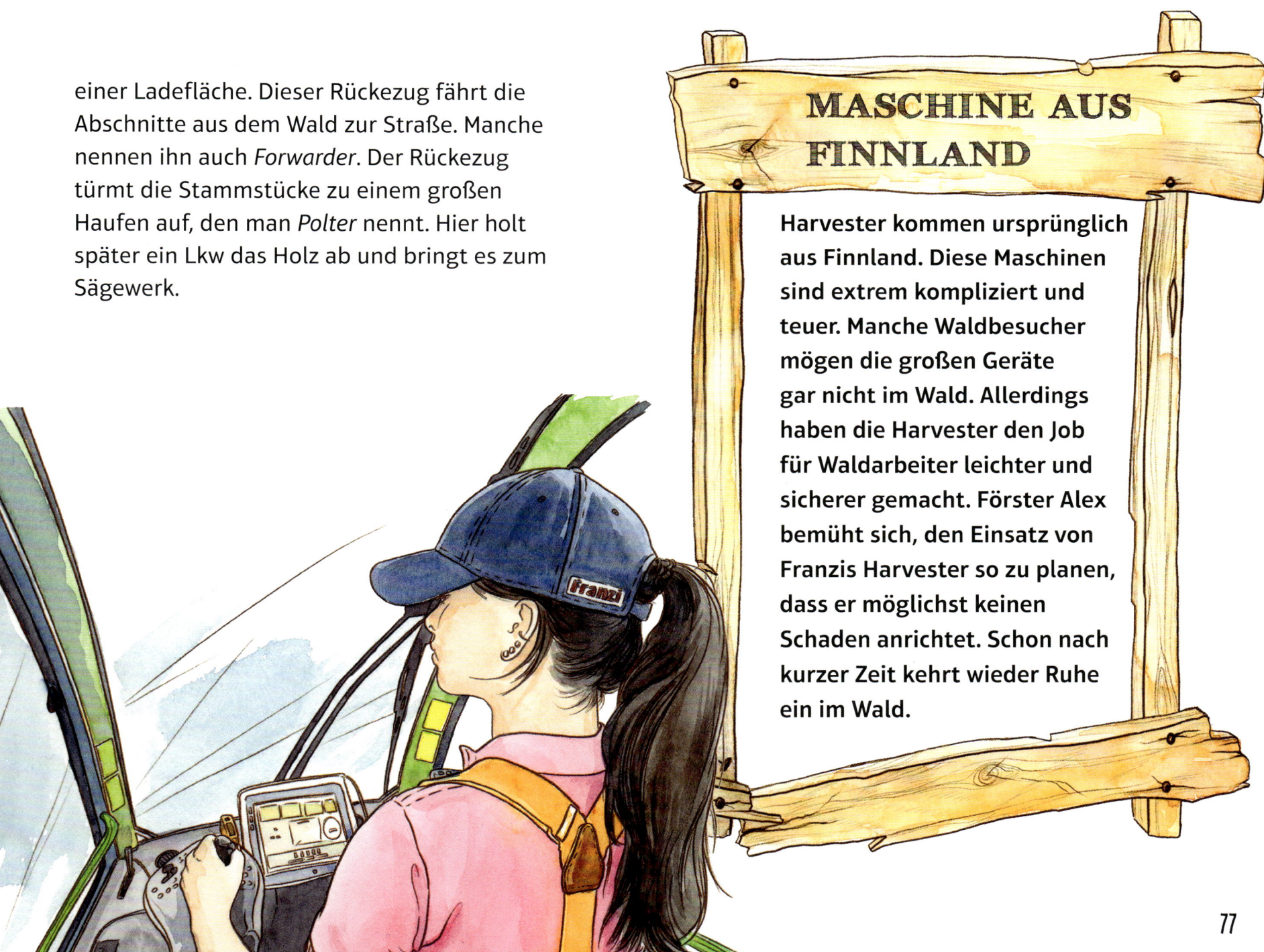

MIT SÄGE UND KEIL

Marike und Julius sind noch ganz beeindruckt von Franzis Harvester. „Jetzt zeige ich euch, wie wir die ganz dicken Bäume fällen", sagt Förster Alex. Sie wollen den Forstwirt Anton treffen, den alle nur „Toni" nennen. Zusammen mit seiner Kollegin Pia *schlägt* er heute Buchen – so nennen das die Förster. Die Buchen sind *hiebsreif*, also dick genug, um gefällt zu werden.

Pia und Toni müssen die Bäume so fällen, dass deren große Kronen nicht allzu viel Schaden an den jungen Bäumchen anrichten, wenn sie auf den

Boden knallen. Dafür brauchen die Forstwirte viel Erfahrung.

Schon von Weitem hören die Kinder die Motorsägen. Alex hat die Besucher mit dem Handy bei den beiden Forstwirten angemeldet. Denn beim Bäumefällen darf keiner in die Nähe kommen. Das ist megagefährlich!

Im sicheren Abstand schauen die Kinder zu, wie Toni einen Baum fällt. Pia arbeitet weit außerhalb der Gefahrenzone an einem anderen Baum. Sie muss mindestens doppelt so viel Abstand halten, wie der Baum lang ist, den Toni gerade fällt.
Zuerst sucht Toni sich die passende Richtung aus, in die der Baum fallen soll. Dann setzt er die Motorsäge an und schneidet damit an der Seite, wohin der Baum fallen soll, eine Art Dreieck aus dem Stamm, den *Fallkerb*. Dann sägt er von der anderen Seite ins Holz. Diesmal etwas höher. Sobald die Kettensäge im Stamm verschwunden ist, klopft Toni mit dem Hammer einen Keil in den entstandenen Spalt. Er schneidet den Stamm aber nicht ganz ab. Direkt am Fallkerb bleibt ein bisschen stehen. Dieses Stück nennt Toni die *Bruchleiste*.

Jetzt ruft Toni noch einmal ganz laut: „AAACCCHHHTTTUUUNNNGGG! Baum fällt!!!", um Pia und die anderen zu warnen. Mit ein paar Hammerschlägen treibt er den Keil in den Sägespalt. Die mächtige Buche fällt krachend auf den Boden. Die Kinder können die Erschütterung unter ihren Füßen spüren.
Der nächste Schritt ist das *Aufarbeiten*. Dabei sägt Toni alle Seitenäste ab, bis nur noch der Stamm der Buche übrig bleibt.

Pia zieht den Stamm mit einer Seilwinde zum Weg. Dazu hat sie den Traktor am Waldrand aufgestellt. Die Seilwinde hat sogar eine Fernsteuerung mit Funk! Pia geht neben dem Stamm her, bis er am Traktor angekommen ist.

Mit dem Traktor stapelt sie Stämme an einem Platz auf. *Poltern* nennt sie das, weil die schweren Stämme mächtig Lärm machen. Hier holt ein Lkw das Holz später ab.

Marike und Julius dürfen abends selbst einen kleinen Baum fällen. Dazu hat Alex eine kleine Birke ausgesucht, die einem anderen Baum weichen muss. Er zeigt den Kindern, wie sie das mit einer Handsäge schaffen können.

DIE STARKE SÄGE

Obwohl es Harvester gibt: Vor allem die großen Bäume und das meiste Laubholz fällen die Forstwirte immer noch mit der Motorsäge. Im naturnahen Wald müssen sie dabei besonders vorsichtig sein. Hier stehen ja ganz junge, mittlere und uralte Bäume dicht beisammen.

Die Motorsäge ist extra leicht und hat einen Motor, der so schnell beschleunigen kann wie ein Rennwagen. Der Motor zieht eine scharfe Kette durch das Holz. Deshalb nennen einige die Motorsäge auch *Kettensäge*. Die Arbeit mit der Säge ist ziemlich gefährlich. Deshalb tragen Pia und Anton Schutzanzüge. In die Hosenbeine sind spezielle Fasern eingearbeitet. Sie verstopfen die Säge und stoppen die Kette, bevor sich Anton oder Pia verletzen. Außerdem tragen die beiden Helme mit Augenschutz und Kopfhörern. Julius darf die ausgeschaltete Kettensäge mal anheben. Und Marike probiert Pias Helm an. Er passt schon richtig gut …

HOLZERNTE MIT PFERDESTÄRKE

Heute hat Alex für Marike und Julius eine Überraschung parat. Er verrät noch nichts, als die Kinder zusammen mit Amy in sein Auto klettern.

Auf einem Waldweg sehen sie einen Geländewagen mit Ladefläche und einem großen Pferdeanhänger dahinter. Alex lüftet das Geheimnis: „Heute trefft ihr Max. Er ist ein Holzrückepferd und zieht die Stämme bis zum Weg."

Die Kinder staunen. So ein großes Pferd haben sie noch nie gesehen. Max ist ein *Kaltblüter*. Diese Pferderasse heißt so, weil die Tiere besonders ruhig und gutmütig sind. Und auch richtig schwer. Sie können über 1000 kg wiegen und sind unglaublich stark.

Alex ermuntert die Kinder, näher zu kommen: „Wir treffen auch Moritz, dem der Max gehört." Die Kinder lachen über die Namen: Max und Moritz kennen sie aus einer Geschichte.

Max trägt einen dicken Ring aus Leder um den Hals. Moritz erklärt den Kindern, dass das ein *Kumt* ist. Hiermit kann das Pferd schwere Lasten ziehen, ohne sich zu verletzen. An beiden Seiten führen Seile, die *Zugstränge*, nach hinten zum *Schwengel*. Das ist eine kurze Stange. Hier kann Moritz die Baumstämme mit Ketten befestigen.

Max und Moritz sind ein eingespieltes Team. Max versteht die Kommandos, die Moritz ruft. Er muss nur selten an der langen Leine zupfen. Auf „hüüüaaaa!" geht es los. „Brrrrrr!", und Max bleibt stehen. Ruft Moritz „zuuuuurück!", geht das Pferd langsam rückwärts, bis Moritz den Holzstamm anhängt. Er kann das Pferd auch mit der Stimme lenken: „Haaarrr!" heißt nach links und „hotttt!" nach rechts. „Weil Max seinen Job gut kennt, muss ich gar nicht so viel rufen, er findet selbst den besten Weg zwischen den Bäumen hindurch", sagt Moritz, als er gerade wieder eine Last abhängt. Damit Max sich nicht zu sehr anstrengen muss, sollten die Stämme nicht viel schwerer sein als 200 bis 250 kg. Das ist immerhin vier- bis fünfmal mehr als Julius wiegt!

WIE KOMMT DAS HOLZ AUS DEM WALD?

Wenn das gesamte Holz mit dem Pferd aus dem Wald gezogen würde, bräuchte Max ganz schön viele Kollegen! Meist machen die Waldarbeiter das mit einer Seilwinde – die haben die Kinder ja schon bei Pia gesehen. Einige Trecker haben auch eine riesige Zange. Damit können sie die Stämme packen. Es gibt aber auch Fahrzeuge mit einem Kran. Diese Rückezüge greifen die vier bis sechs Meter langen Stammstücke mit einer Zange und packen sie auf die Ladefläche.

Wenn es in den Bergen zu steil wird, bauen die Waldarbeiter eine Seilbahn auf und transportieren die Stämme so ins Tal. Manchmal übernimmt das sogar ein Hubschrauber.

Die Kinder dürfen Max mit Möhren füttern. Sein weiches Maul nimmt die Möhren ganz vorsichtig aus der Hand von Marike. Sie krault den sanften Riesen hinter den Ohren. Das mag er total gerne. Zum Schluss dürfen die Kinder noch auf Max' Rücken klettern. Da ist Platz für zwei. Moritz führt Max ein Stück über den Waldweg. Ein tolles Erlebnis!

WIE MACHT MAN AUS BÄUMEN BRETTER?

Alex, die Kinder und Amy fahren zu einem anderen Waldstück. Plötzlich steht ein riesiger Lkw auf dem Waldweg. „Das ist Joachim. Er bringt das Holz ins Sägewerk", weiß Alex. Joachim hockt hoch oben auf einem kleinen Sitz und hievt mit einem Kran Stämme auf die Ladefläche. Er ist fast fertig. Alex, Marike und Julius beschließen, hinter dem Lkw von Joachim herzufahren. Wo bringt er die Stämme hin? Joachim schaltet die gelben Warnleuchten an und es kann losgehen. Marike darf sogar bei ihm im Lkw mitfahren!

Die Fahrt dauert nicht lange, schnell kommen sie bei Franz-Josef an. Er besitzt ein Sägewerk und hat die Stämme gekauft. Joachim lädt das Holz mit dem Kran bei Franz-Josef ab.

Im Sägewerk hat Franz-Josef gerade einen Stamm auf einen Rollwagen geladen. Der Wagen fährt den Stamm zum *Sägegatter*. Das besteht aus vielen aufrechten Sägeblättern, die mit einer wahnsinnigen Geschwindigkeit hoch und runterrasen. Als der Wagen den Stamm zum Sägegatter schiebt, schießen die Späne in alle Richtungen. Hinten kommen fertig geschnittene Bretter aus dem Gatter.

Mit dem Gabelstapler schichtet Franz-Josef die Bretter auf. Zwischen jede Lage steckt er dünne Holzlättchen. „So trocknet das Holz besser", sagt er. Denn in dem Stamm steckt noch jede Menge Wasser. Das muss raus, bevor man das Holz verarbeiten kann.

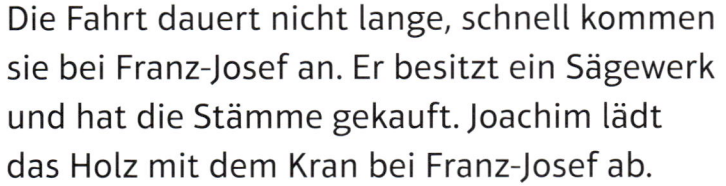

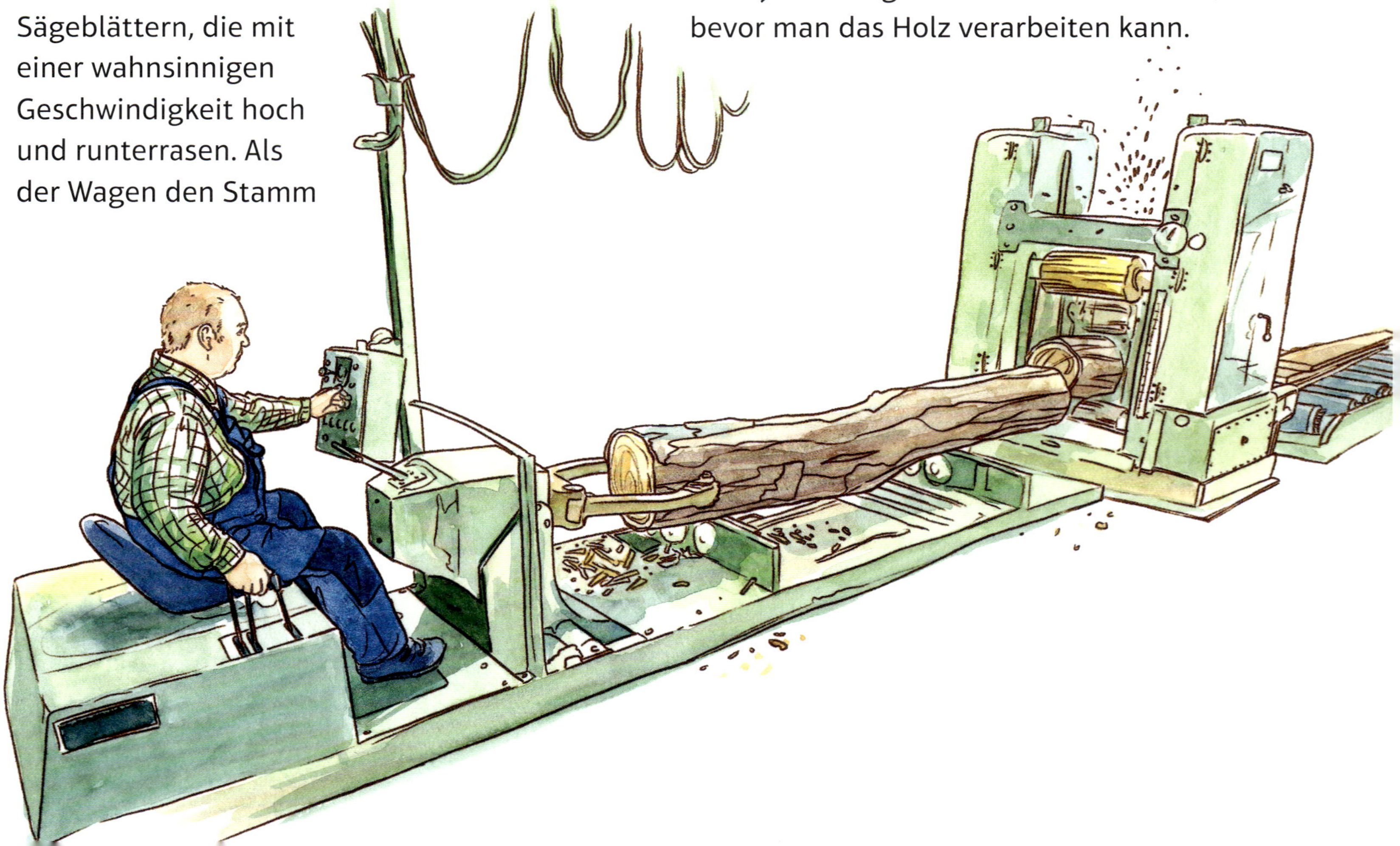

Franz-Josef schenkt den Kindern einige kurze Bretter und Latten für ihre Waldhütte. Abends zimmern Marike und Julius daraus eine Bank. Ganz schön schwierig, so einen Nagel mit dem Hammer zu treffen. Zum Üben nehmen sich die beiden einen kurzen Balken. Marike denkt sich einen Wettbewerb aus: Wer braucht die wenigsten Schläge, um den Nagel gerade ins Holz zu treiben? Als Julius zu fest mit dem Hammer zuschlägt, biegt sich der Nagel um. Lieber besser zielen, wie es Marike macht! Amy mag den Lärm überhaupt nicht!

MIT WASSERKRAFT

Früher gabs in vielen Dörfern ein Sägewerk. Meist standen die Sägen an einem Bach. Ein Wasserrad sorgte für den Antrieb – wie bei einer Mühle. Deshalb sagen auch heute noch viele Menschen *Sägemühle* zum Sägewerk. Die Kinder haben gestern am Bach hinter dem Haus selbst ein kleines Wasserrad gebaut. Das hat sich prima gedreht.

Heute gibt es nur noch wenige kleine Sägewerke wie das von Franz-Josef. Oft sind es riesige Holzfabriken.

KRISTIN BAUT EINEN SCHRANK

Julius und Marike besuchen heute mit Alex eine Freundin. Kristin ist Tischlerin. Sie hat getrocknete Bretter von Franz-Josef gekauft und möchte aus Eichenholz einen Schrank bauen. Die Kinder dürfen ihr den ganzen Tag in der Werkstatt helfen.

Zuerst muss Kristin die rauen Bretter glätten. Das geht mit einer Hobelmaschine. Darin drehen sich ganz scharfe Messer. Sie schälen oder hobeln dünne Späne vom Brett. Das Holz bekommt dadurch eine sehr glatte Oberfläche.

Kristin hat vorher aufgezeichnet, wie der Schrank aussehen soll. Jetzt sägt sie die Bretter passend zu. Aus mehreren schmalen Streifen klebt sie breitere Bretter zusammen – *verleimen* sagt sie dazu. Marike und Julius helfen ihr, das Holz mit Eisenklemmen zusammenzupressen. „Das sind *Schraubzwingen*. Die müssen so lange dranbleiben, bis der Leim trocken ist", sagt Kristin. Die Kinder sehen, wie der weiße Leim aus dem Spalt zwischen zwei Brettern rausquillt, als sie die Schraubzwingen fest andrehen. Vorsichtig wischen sie den überschüssigen Leim weg.

Einige Einzelteile bekommen eine verzierte Kante. Das macht Kristin mit einer *Fräse*. Auch in dieser Maschine drehen sich Messer rasend schnell. Die Tischlerin muss deshalb sehr vorsichtig sein. Zum Schluss stecken die Kinder und Kristin alle Einzelteile zusammen, die sie an diesem Tag bearbeitet haben. Mit Leim und großen Schraubzwingen sorgen sie für eine feste Verbindung.

Als sie fertig sind, ist noch etwas Zeit übrig. Kristin hat eine Idee, was sie mit den Kindern noch bauen will – sie verrät aber noch nicht, was es werden soll. Aus einigen Brettern sägt sie schnell passende Stücke für zwei Kästen zu. Als Kristin ein Loch in eines der Bretter bohrt, erkennen die Kinder es: Das werden Nistkästen für Vögel!

Marike und Julius dürfen die Kästen zusammenbauen. Das Holz kann man mit Nägeln oder Schrauben verbinden. Die Schrauben drehen die Kinder vorsichtig mit dem Akkuschrauber in das Holz. Die Schrauben sind unten ganz spitz.

MASSIVE MÖBEL

Möbel aus ganzen Brettern nennt man *Massivholzmöbel*. Die sind heute eher selten, weil es lange dauert, sie zu bauen. Das haben die Kinder bei Kristin in der Werkstatt gesehen. Massivholzmöbel sind oft recht teuer.

Viele Möbel aus der Fabrik bestehen aus Holzspanplatten. Dazu zerkleinert man das Holz und presst die Späne mit Kleber zu großen Platten. Daraus können die Tischler dann viel schneller Schränke zusammenbauen. Manchmal klebt eine Maschine eine ganz dünne Schicht Holz auf die Platten, damit sie wie Massivholz aussehen. *Furnier* nennen die Tischler die dünne Schicht. Furniere stellt man aus dicken, besonders wertvollen Stämmen meist von Eichen, Buchen, Eschen oder Ahornen her.

Oben gibt es einen Kopf mit einem Kreuz drin. Hier passt die Spitze des Akkuschraubers rein. *Bit* nennt man die. Um beides auszuprobieren, nageln Julius und Marike den zweiten Kasten zusammen. Dabei müssen sie gut aufpassen, dass der Nagel das Holz nicht spaltet. Übrigens: Der Durchmesser vom Loch des Vogelkastens entscheidet oft, welcher Vogel hier einzieht. Und besonders wichtig ist, dass keine Katzen oder andere Tiere in den Kasten klettern und die Eier stehlen können. Abends malen Marike und Julius ihre Nistkästen mit Farbe lustig an. Am nächsten Tag wollen sie ihre Bauwerke direkt mit Alex aufhängen. So können dort im nächsten Frühjahr zwei Vogelpaare ihre Jungen aufziehen.

VORSICHT, FEUER!

Es hat seit ein paar Wochen nicht geregnet. Die Kinder und Amy finden das toll. Sie konnten jeden Abend lange durch die Wälder am Forsthaus streifen. Aber Förster Alex ist besorgt: „Wenn es heiß und trocken ist, kann es schnell zu Waldbränden kommen." Manchmal reicht schon eine Flasche als Brennglas oder ein Blitzeinschlag, um ein Feuer zu entzünden. Das breitet sich dann rasend schnell aus. „Meistens ist der Mensch die Ursache", erklärt Alex. „Entweder wirft einer eine Zigarette weg oder einige machen sogar ein Lagerfeuer!"

Heute trifft sich der Förster mit Johannes im Revier. Johannes ist Feuerwehrmann. Er kommt mit dem großen Tanklöschfahrzeug. Der Förster und der Feuerwehrmann wollen ausprobieren, ob die Waldwege breit genug für das Feuerwehrauto sind. Wenn es brennt, zählt jede Sekunde!

Johannes erklärt Marike und Julius, was sie tun müssen, wenn sie ein Feuer im Wald entdecken: „Am besten ruft ihr sofort die 112 an, wenn ihr ein Handy dabeihabt. Dann meldet sich die Leitstelle der Feuerwehr. Wisst ihr, was ihr dann sagen sollt?", fragt er die Kinder. Marike kennt die Antwort aus der Schule: „Die W-Fragen! Wer ruft an? Was ist passiert? Wo ist es passiert? Wie viele Verletzte gibt es?" Auch Julius weiß, worauf es ankommt: „Dann muss man warten! Es kann ja sein, dass die Feuerwehr noch Fragen hat!" Johannes, der Feuerwehrmann, hebt zustimmend den Daumen. Die Kinder dürfen zur Belohnung in das Feuerwehrauto klettern, und Johannes zeigt ihnen die Ausrüstung.

„Ein Waldbrand beginnt immer am Boden. Wenn das Feuer noch ganz klein ist, könnt ihr versuchen, es z. B. mit einem langen Ast auszuschlagen oder es mit Sand abzudecken. Aber: Eure Sicherheit geht

immer vor. Ruft auf jeden Fall die Feuerwehr. Der Brand kann schnell wieder aufflackern", meint Johannes.

Er erklärt den Kindern, was sie beachten müssen, wenn der Brand schnell größer wird: Wind facht die Flammen an und treibt sie vor sich her. „Deshalb lauft ihr am besten dem Wind entgegen zur Seite weg", rät Johannes, und warnt: „Das Feuer steigt sehr schnell am Hang nach oben. Klettert darum nie vor einem Waldrand den Hang hoch. Am besten lauft ihr so schnell wie möglich auf eine freie Fläche!"

Zum Abschied hat sich Johannes noch etwas Besonderes für Marike und Julius ausgedacht. Sie dürfen den Wasserwerfer auf dem Dach des Löschfahrzeugs bedienen. Und die Pflanzen freuen sich über den kleinen Regenschauer.

WALDBRANDGEFAHR IM FRÜHJAHR

Je mehr trockenes Material im Wald liegt, desto höher ist die Gefahr, dass ein Brand ausbricht. Oft ist es schon im Frühjahr so trocken, dass ein Waldbrand entstehen kann. Denn dann fehlen im Laubwald noch die Blätter und die grünen Pflanzen am Boden. Besonders gefährdet sind trockene Nadelwälder. Wenn es dann noch sehr warm und windig ist, kann es schnell kritisch werden.

In großen Waldgebieten gibt es Wachtürme. Kamerasysteme erkennen hier sofort, wenn irgendwo Rauch aufsteigt. Bei sehr hoher Waldbrandgefahr sind Feuerwehrleute auch mit kleinen Flugzeugen unterwegs und halten Ausschau nach Bränden. Je schneller die Feuerwehr da ist, desto einfacher kann sie einen Waldbrand löschen.

Ein naturnaher Wald mit vielen grünen Bäumen in allen *Etagen* bremst übrigens den Wind. Deshalb ist es in solchen Wäldern viel feuchter und die Brandgefahr meist viel geringer.

GERÄUSCHE IN DER NACHT

Heute ist der letzte Abend bei Alex und seiner Familie. Marike und Julius haben in den vergangenen Tagen jede freie Minute an ihrer Waldhütte beim Forsthaus gearbeitet und aus Moos, Zweigen und Isomatten Betten gebaut. Auch für Amy ist Platz.

Heute dürfen die Kinder im Tipi übernachten. Alex hat ihnen ein Funkgerät gegeben – für den Fall, dass es ihnen vielleicht doch etwas zu schaurig wird. Denn im Wald ist nachts jede Menge los …

Alex hat eine Feuerschale aufgestellt. Und auch seine Kinder, Johanna und der zweite Julius, sind dabei. Weil auf dem Boden um die Schale nichts brennen kann, machen die fünf ein kleines Lagerfeuer und backen Stockbrot. Als es dunkler wird, bemerken sie einen Igel, der in der Nähe vorbeizieht. Er ist in der Dämmerung auf der Suche nach Larven und Insekten und macht dabei ziemlich Lärm.

Der Mond geht hinter dem Forsthaus auf. Die Kinder sehen Fledermäuse, die um den kleinen Turm kreisen. Tagsüber verstecken sich die Fledermäuse im Dachgebälk. Alex erklärt den Kindern, dass ihr Name vom *Flattern* kommt. Also von den Bewegungen ihrer Flügel, die man eigentlich *Flughäute* nennt. Denn die Fledermäuse haben keine Federn, sondern Häute zwischen ihren dünnen Fingern und Beinen. Sie jagen Insekten. Dabei stoßen sie Laute aus, die ein Mensch kaum hört. Mit dem Echo ihrer Schreie finden sie die Insekten.

Die Kinder gehen mit Alex auf eine Nachtwanderung. Die Taschenlampe lassen sie im Tipi – der Mond ist hell genug und ihre Augen gewöhnen sich so besser an die Dunkelheit. Überall raschelt und zirpt es. Von Weitem sehen sie einen Fuchs, der über den Waldweg huscht. Er verschwindet ganz schnell, als er die kleine Gruppe wittert – denn der Wind weht in seine Richtung. Plötzlich hören die Kinder eine Art Bellen im Wald. „Das ist ein Reh – es hat uns gehört und warnt gerade die anderen", erklärt Alex. Die Kinder finden es super, dass der Förster dabei ist. Alleine wäre ihnen schon etwas mulmig zumute …

Als die fünf wieder am Forsthaus ankommen, startet Waldohreule Heini gerade ihren ersten Rundflug durch die Nacht. Vielleicht hat Heini gerade eine Maus entdeckt. Eigentlich sind sie viel zu aufgeregt, um direkt zu schlafen, doch Marike und Julius schlüpfen schon mal in ihre Schlafsäcke. Amy rollt sich am Fußende zusammen und grunzt zufrieden. Eine tolle Zeit im Forsthaus geht zu Ende, und Marike und Julius sind gespannt, welches Abenteuer sie demnächst erleben werden …

UND HIER KOMMT DAS QUIZ!

Haben euch die Abenteuer von Marike, Julius und Amy gefallen? Dann könnt ihr sicher bei unserem kleinen Quiz zum Schluss mitmachen. Wenn ihr die Antwort nicht sofort wisst, blättert einfach zurück. Jede Antwort hat einen Buchstaben. Wenn ihr die Buchstaben der richtigen Antworten am Ende dieses Quiz in die Buchstabenreihe eintragt, ergibt sich das Lösungswort. Viel Spaß dabei!

1. „Heini" heißt die Waldohreule, die in der Eiche am Forsthaus lebt. Woher kommt der Name Waldohreule?

T Sie ist das Ohr des Waldes und hört einfach alles.

I Sie kann so laut schreien, dass man Ohrenschmerzen bekommt.

M Die Federbüschel seitlich am Kopf sehen wie Ohren aus.

2. Was machen denn Forstwirte?

I Forstwirtinnen oder Forstwirte führen im Wald ein Lokal. Dort sind sie die Wirte.

R Forstwirte erledigen alle Arbeiten im Wald. Das ist ein echt anspruchsvoller Job.

G Die Forstwirte gehen gerne im Wald spazieren und erholen sich dort.

3. Warum ist es im Wald so schön kühl?

W Die Bäume fächeln den Kindern frische Luft zu.

E Über die Blätter verdunstet Wasser. Und das sorgt zusammen mit dem Schatten für das angenehm kühle Klima.

G Die Blätter am Boden wirken wie eine Isomatte. Deshalb ist es kühl.

4. An einem Stammende entdecken Marike und Julius ganz viele Kreise. Was bedeuten die?

K Die Kreise sind typisch für diese Baumart. Sie haben aber keine Bedeutung.

P Die Kreise sind beim Fällen mit der Kreissäge entstanden – sagt ja schon der Name …

U Das sind Jahresringe: In jedem Jahr legt der Stamm eine Schicht Holz an. Wenn man wissen will, wie alt der Baum war, zählt man einfach die Jahresringe.

5. Woher kommt das Wort astrein?

H Es liegen keine Äste im Wald rum.

I Das Holz ist besonders hochwertig, es gibt kaum Äste im Holz.

X Das Wort kommt vom Fegen: Man entfernt den Schmutz mit einem Ast und macht den Boden astrein.

6. Bäume können Nadeln oder Blätter haben. Was ist ein wichtiger Unterschied?

S Die meisten Nadelbäume behalten ihre Nadeln im Winter. Sie sind also immergrün.

O Eigentlich gibts keinen Unterschied, die Nadeln sind nur kleiner.

L Nadelbäume piksen. Damit schützen sie sich besser vor hungrigen Tieren.

7. Was ist eine Baumschule?

K Da lernen die jungen Bäume, wie man im Wald alleine klarkommt.

F Die Baumschule gab es im Mittelalter. Da haben die Schüler beim Unterricht auf Bäumen gesessen, damit ihnen wilde Tiere nichts tun konnten.

N Eine Baumschule ist eine Art Gärtnerei. Hier entstehen aus Samen kleine Bäumchen, die nachher im Wald ausgepflanzt werden.

8. Alex erklärt den Kindern, was ein Frischling ist. Ja, was ist das denn genau?

A   Ein Frischling ist ein junges Wildschwein. Man erkennt es an den hellen Streifen auf dem Rücken.

U   Ein Frischling ist eine kleine Buche. Sie ist ganz frisch aus dem Samen gekrochen.

E   Einen jungen Förster, der noch nicht viel Erfahrung hat, kann man auch „Frischling" nennen.

9. Auf der Eiche lebt der Hirschkäfer. Warum heißt der so?

A   Der Hirschkäfer lässt sich von oben aus dem Baum gerne auf einen Hirsch fallen, wenn der passend vorbeikommt.

M   Die rote Farbe des Käfers hat zu seinem Namen geführt.

Y   Ein Hirschkäfer hat große Zangen am Kopf, die wie ein Hirschgeweih aussehen.

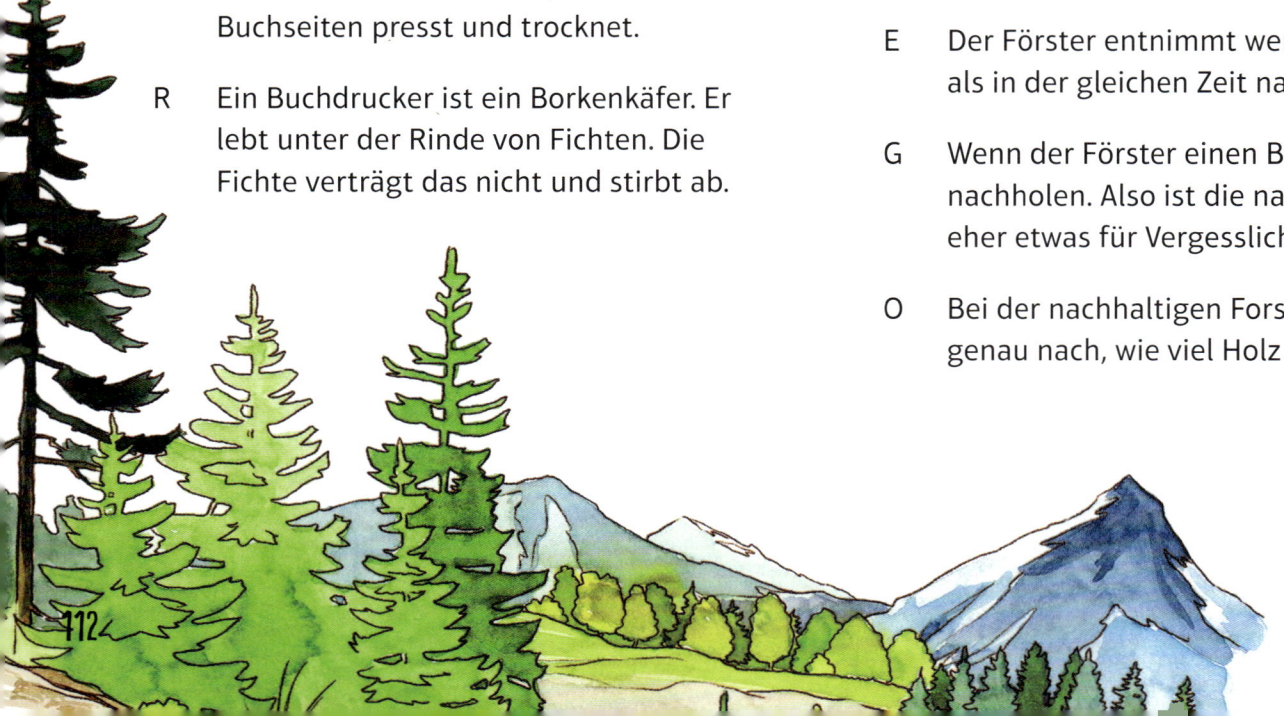

10. Was macht ein Buchdrucker im Wald?

W   Nichts, der arbeitet ja in einer Druckerei.

A   Der sammelt dort Blätter, die er zwischen Buchseiten presst und trocknet.

R   Ein Buchdrucker ist ein Borkenkäfer. Er lebt unter der Rinde von Fichten. Die Fichte verträgt das nicht und stirbt ab.

11. Was ist nachhaltige Forstwirtschaft?

E   Der Förster entnimmt weniger Holz aus dem Wald, als in der gleichen Zeit nachwächst.

G   Wenn der Förster einen Baum vergisst, muss er ihn nachholen. Also ist die nachhaltige Forstwirtschaft eher etwas für Vergessliche.

O   Bei der nachhaltigen Forstwirtschaft hält der Förster genau nach, wie viel Holz verkauft wurde.

12. Rehböcke kann man beim Fegen beobachten. Was machen sie genau?

T Ist doch klar, sie fegen den Wald aus, damit nichts rumliegt.

Z Beim Fegen verjagen die Rehböcke ihre Konkurrenten. Sie fegen sie förmlich aus dem Wald.

E Vom Fegen spricht die Försterin, wenn ein Rehbock sich mit seinem Gehörn an einem jungen Baum reibt und so die Rinde beschädigt, also abfegt.

13. Warum sollte Brennholz lagern, bevor man es verbrennt?

T Im Holz ist jede Menge Wasser. Die Holzscheite müssen erst trocknen.

O Das Holz muss gar nicht lagern, aber so ein Brennholzstapel gehört einfach zu einem Forsthaus dazu. Er ist reine Dekoration.

N Das Holz muss lagern, damit Insekten, die unter der Rinde wohnen, in Ruhe umziehen können.

14. Wer oder was ist ein Freischneider?

H Ein Freischneider ist ein Waldarbeiter, der, ohne zu messen, Bäume freischneiden kann.

I Ein Freischneider ist eine Art Spinne, sie gehört zur Familie der Schneider.

O Ein Motorgerät mit einem scharfen Messer nennt man einen Freischneider.

15. Was kann ein Harvester, also die Maschine, mit der Franzi durch den Wald fährt?

D Der Harvester rupft Bäume einfach aus dem Boden.

I Ein Harvester sät junge Bäumchen.

E Das Werkzeug des Harvesters fällt die Bäume, schneidet die Äste ab und sägt die Stämme in gleich lange Stücke.

16. Was ist ein Fallkerb?

L   Das ist eine Macke im Hosenbein, wenn der Förster hingefallen ist.

O   Bäume, die gefällt werden sollen, kennzeichnet der Förster mit einem scharfen Messer – das ist der Fallkerb.

B   Toni sägt einen dachförmigen Spalt in den Stamm. In diese Richtung fällt der Baum dann um. Deshalb nennt man den Spalt auch Fallkerb.

17. Das Rückepferd Max ist ein Kaltblut – was ist das denn?

Z   Die Pferde können nur im Winter arbeiten, denn ihr Blut muss kalt bleiben.

T   Die Pferde sind super sanftmütig. Sie bleiben auch bei Stress immer cool. Daher kommt der Name Kaltblut.

F   Das ist ein Indianer-Name. Wann immer die Indianer ein so großes Pferd sahen, bekamen sie Angst und sagten, das große Tier ließe das Blut in den Adern gefrieren. Daher also Kaltblut.

18. Die Kinder veranstalten einen kleinen Wettbewerb mit Holz, Nägeln und einem Hammer. Was macht Amy?

F   Sie versucht, den Holzbalken zu verstecken.

U   Weil ihr der Lärm auf die Nerven geht, sucht sie sich lieber einen anderen Platz.

I   Amy stupst Marike immer wieder an – sie will lieber mit den Kindern spielen.

19. Die Kinder bauen mit Tischlerin Kristin etwas zusammen. Was wird das?

I   Ein Nistkasten für Vögel. Man erkennt ihn an dem runden Loch an der Vorderseite.

C   Marike und Julius bauen sich eine eigene Werkzeugkiste.

H   Das wird ein Bett für Amy. Die Hündin schaut ganz aufgeregt zu.

20. Was musst du tun, wenn du einen Waldbrand entdeckst?

W   Mit dem Handy rufe ich sofort die Feuerwehr an. Die Nummer lautet 112.

E   Ich muss nichts tun. Ich bin ja kein Förster.

R   Ich mache erst mal Handyfotos und schicke sie an alle Freunde.

21. Woher kommt der Name Fledermaus?

I   Eigentlich ist der Name falsch. Die müssten „Federmäuse" heißen, weil sie ja fliegen können.

D   Der Name kommt vom Wort „flattern". Über Jahrhunderte ist aus dem Wort Flattermaus die Fledermaus geworden.

A   Der Name kommt vom Grafen von Fleder. Der war nämlich ein bekannter Vampir. Huahh!

LÖSUNGSWORT

JULIUS UND MARIKE LEBEN EIGENTLICH AUF EINEM BAUERNHOF

Julius und Marike sind Bruder und Schwester. Nur für unser Buch sind sie in die Stadt „gezogen", in Wirklichkeit leben sie auf einem Biohof im Sauerland, das ist in Nordrhein-Westfalen. Sie haben noch zwei Geschwister. Die vier toben gerne im Stroh und haben sogar eigene Hühner!

FÖRSTER ALEX UND SEINE FAMILIE LIEBEN DEN WALD

Das sind Förster Alex und seine Frau Silke. Die Kinder heißen Johanna und Julius. Sie lieben es, mit ihren Eltern durch die Wälder zu streifen.

SO SEHEN DIE PERSONEN IN WIRKLICHKEIT AUS

NOEMI HAT DAS BUCH ILLUSTRIERT

Noemi verbrachte ihre Schulferien größtenteils auf dem Land und in der Natur. Die freiberufliche Illustratorin fährt nun regelmäßig ins Alte Land, der Heimat ihres Mannes. Dort liebt sie die Fachwerk- und Reetdachhäuser der umliegenden Dörfer und den Ausblick auf die Apfelplantagen im morgendlichen Nebel.

GUIDO HAT SICH DIE ABENTEUER AUSGEDACHT

Guido ist auf dem Land aufgewachsen und ist ausgebildeter Landwirt. Er lebt mit seinen drei Kindern und Hund Amy in einem Dorf im Münsterland. Am liebsten ist er mit dem Trecker und Amy in der Natur unterwegs.

Marike und Julius:

ENTDECKE MIT UNS DEN BAUERNHOF

Guido Höner, Noemi Bengsch
96 Seiten, Hardcover

16,00 €

ISBN 978-3-7843-5636-5

Marike und Julius kommen aus der Stadt und besuchen Tante Barbara und Onkel Hubertus auf dem Bauernhof. Auf dem Maierhof ist immer was los und die beiden Kinder entdecken mit Hündin Amy das Landleben.

Ob im Frühjahr, Sommer, Herbst oder Winter – Marike und Julius helfen bei den Arbeiten und bekommen von Tante Barbara und Onkel Hubertus ganz genau erklärt, wie die Arbeit auf dem Bauernhof funktioniert.

Noch mehr Abenteuer

mit Marike und Julius erleben …

Landwirtschaft und echtes Landleben im Lauf der Jahreszeiten ganz genau erklärt.

Mit anschaulichen Illustrationen und realitätsgetreuen Erklärungen für Grundschulkinder

IMPRESSUM

LV.Buch im Landwirtschaftsverlag GmbH, 48084 Münster

© Landwirtschaftsverlag GmbH, Münster-Hiltrup, 2021

2. Auflage 2022

Das Werk einschließlich aller seiner Teile ist urheberrechtlich geschützt. Jede Verwertung außerhalb der engen Grenzen des Urheberrechtsgesetzes ist ohne Zustimmung des Verlages unzulässig und strafbar. Das gilt insbesondere für Vervielfältigungen, Übersetzungen und die Einspeicherung und Verarbeitung in elektronischen Systemen. Die Informationen in diesem Buch wurden nach bestem Wissen zusammengestellt. Alle Empfehlungen sind ohne Gewähr seitens des Autors oder des Verlegers, der für die Verwertung dieser Informationen jede Verantwortung ablehnt.

Herausgeber: top agrar im Landwirtschaftsverlag GmbH
Illustrationen: Noemi Bengsch, www.noemis-atelier.de
Lektorat: Melanie Suttarp, top agrar im Landwirtschaftsverlag GmbH
Korrektorat: Susanne Blumberger, top agrar im Landwirtschaftsverlag GmbH
Gestaltung: LV.Buch im Landwirtschaftsverlag GmbH
Druck: Grafisches Centrum Cuno, Calbe

ISBN 978-3-7843-5687-7